FÉLIX DE BÉTHUNE

LE LUXE

PRÉFACE DE M. CHARLES GIDE
Professeur d'Economie sociale
à la Faculté de Droit de l'Université de Paris.

LETTRES DE MM. ÉLIE GOUNELLE
Directeur de la Revue du *Christianisme Social*,

Et PAUL PASSY
Professeur à l'Ecole pratique des hautes études

PARIS

PUBLICATIONS	LIBRAIRIE
De L'ACTION CHRÉTIENNE SOCIALE	FISCHBACHER
17, RUE DES PETITS-HOTELS	33, RUE DE SEINE, 33

1912

LE LUXE

FÉLIX DE BÉTHUNE

LE LUXE

PRÉFACE DE M. CHARLES GIDE
Professeur d'Économie sociale
à la Faculté de Droit de l'Université de Paris.

LETTRES DE MM. ÉLIE GOUNELLE
Directeur de la Revue du *Christianisme Social*,

Et PAUL PASSY
Professeur à l'École pratique des hautes études

PARIS

PUBLICATIONS	LIBRAIRIE
De L'ACTION CHRÉTIENNE SOCIALE	FISCHBACHER
17, RUE DES PETITS-HOTELS	33, RUE DE SEINE, 33

PRÉFACE DE M. CHARLES GIDE

L'étude de M. de Béthune sur le Luxe déborde de beaucoup le cadre indiqué par ce titre. Les innombrables auteurs qui de tout temps ont été attirés par ce sujet l'ont étudié exclusivement comme un chapitre de la consommation, comme un mode d'emploi de la richesse, opposé à l'épargne. Mais pour M. de Béthune le luxe est bien plus ! C'est la conséquence nécessaire, « le rejeton maudit », de l'inégalité des richesses, et en conséquence « sa solution définitive englobe tout le problème de la propriété ».

Il serait donc chimérique et inutilement vexatoire de prétendre abolir le luxe par des réglementations telles que les lois somptuaires, ou même en s'efforçant d'imposer dans les mœurs une austérité puritaine. « Les puritains s'efforcèrent de barrer la route au luxe individuel, mais ces restrictions étaient tracassières, parfois puériles. Sans poser la question de justice en face de la misère des pauvres, elles froissaient la liberté des possédants. »

La seule solution c'est de limiter les fortunes, soit par l'impôt progressif, soit même — car l'auteur va jusque-là — par l'expropriation : « le rôle de l'Etat devrait être d'exproprier les objets les moins nécessaires à leurs détenteurs » ; or le luxe est, par définition même, ce qui n'est pas nécessaire. Et, ceci fait, « l'Etat laissera à chacun la liberté la plus complète dans l'usage de son bien » — lire, sans doute, « dans la consommation » de son bien, car si chacun restait libre de placer ou de faire valoir son bien, l'inégalité des richesses, avec le luxe qui en est le fruit, ne tarderait pas à renaître.

C'est donc le collectivisme qui serait la seule solution de la question de luxe. L'auteur le dit expressément: « la question préalable au nivellement du luxe, c'est la révolution dans le bon sens du mot, par la socialisation des moyens de production et d'échange ». Mais à vouloir ainsi élargir sa thèse nous craignons que M. de Béthune ne restreigne beaucoup le nombre de ses convertis, car on peut être un adepte de la vie simple sans se croire pour cela tenu de se déclarer collectiviste. Je ne suis pas d'ailleurs très certain que l'inégalité des richesses ait pour conséquence inévitable le luxe, ou du moins le mauvais luxe, celui de la prodigalité destructrice. Ceux qui sont parvenus au faîte de la richesse, les rois du pétrole ou de l'acier, vivent plus simplement que beaucoup de bourgeois qui à côté d'eux sont de pauvres diables. Pour eux la richesse est désirable comme instrument de commandement sur les hommes et non comme moyen de jouissance. Et inversement, les pauvres ne sont pas innocents de tout luxe, et même du pire luxe, tel que dépenses inutiles, gaspillages, loteries, paris aux courses et surtout alcoolisme. Et par conséquent, il n'est pas dit que le régime égalitaire ou communiste ne fût pas plus dissipateur de richesses que le régime actuel. Il est vrai qu'il supprimerait le sentiment d'envie que suscite l'inégalité dans la prodigalité, mais ce ne serait pas une compensation suffisante.

Cependant on peut accorder que les classes moyennes — où il n'y a « ni pauvreté ni richesse » — constituent le milieu le plus favorable à l'épargne et par conséquent le moins propice au développement du luxe, et à ce point de vue on pourrait souhaiter la généralisation de cette classe sociale. Malheureusement ces classes moyennes constituent d'autre part un milieu réfractaire à quelques nobles cultures — par exemple celle des beaux-arts et celle des vertus solidaristes, qui sont pourtant les unes et les autres considérées avec raison par M. de Béthune comme étant d'un grand prix.

Je ne crois pas non plus qu'on puisse affirmer comme thèse générale que le luxe du riche entraîne nécessairement des privations pour les pauvres. Cela peut-être vrai de certaines formes de luxe, de celles qui consistent dans l'accaparement de la terre et du travail pour des jouissances stériles, mais non pour les formes de luxe les plus fréquentes qui consistent à payer très cher un objet rare. Si par exemple les riches s'abstenaient de manger des truffes ou de boire du vin de Champagne, je crois que leur bourse et leur estomac s'en trouveraient très bien, mais je doute qu'il y eût un morceau de pain de plus pour les pauvres.

Néanmoins, si au point de vue économique l'étude que l'on va lire comporte quelques réserves, au point de vue moral et chrétien elle obtiendra l'adhésion fervente de tous ceux qui ne peuvent accepter comme un état défi-nitif l'opposition entre l'indigence des uns et la jouis-sance insolente des autres, contraste douloureux qui, comme le montre éloquemment M. de Béthune, se trouve mis en relief dans tous les actes de la vie, depuis la naissance de l'enfant du riche et de l'enfant du pauvre jusqu'à la sépulture, qui pour l'un sera un monument de marbre et pour l'autre la fosse commune « que la bêche impatiente bientôt refouillera pour y engloutir pêle-mêle de nouveaux martyrs du travail ». Et nul doute que si les classes riches apprenaient à vivre de « la vie simple », en s'inspirant des leçons de MM. Wagner et de Béthune — ou même de l'exemple humiliant que leur donnent dans une autre civilisation et une autre religion les riches Musulmans — l'inégalité des richesses ne fut beaucoup moins anti-sociale : elle n'empoisonnerait plus la vie des uns et des autres, des uns par la vanité et des autres par l'envie.

Charles Gide.

LETTRE DE M. ELIE GOUNELLE

Directeur de la Revue du *Christianisme social*

Paris, 16 novembre 1911.

Cher Monsieur et honoré Frère,

Je vous félicite pour votre beau et fort travail sur le *Luxe*, ou mieux, sur la *Question sociale envisagée du point de vue du luxe*. Votre étude mérite un pareil sous-titre, par l'envergure qu'elle prend sous votre plume. Vous nous donnez une précieuse *enquête* sur le problème du luxe, faite du point de vue chrétien social, et à ce titre déjà sa lecture sera instructive et singulièrement édifiante. Mais ce livre est mieux encore : c'est *un acte de socialiste chrétien* que vous accomplissez, vous qui appartenez par la naissance à la classe que vous exhortez si éloquemment et si sévèrement, mais qui planez si haut au-dessus de toutes les considérations de classes, d'églises, de sectes, que votre pensée a été totalement libérée et que votre âme peut pleinement s'identifier avec l'âme du peuple, et communier dès lors de la seule bonne manière avec l'âme du Christ. Votre voix sera donc entendue et mérite de l'être, soit par les bourgeois du xxe siècle auxquels je recommande votre brûlante conclusion, soit par les socialistes eux-mêmes qui comprendront quelle puissance de justice il y a dans l'authentique inspiration chrétienne quand cette inspiration n'est pas faussée par l'inspiration mammoniste.

Il y a deux façons distinctes d'aborder le problème du luxe et des restrictions à apporter au luxe.

1. — *Il y a la façon morale*. Que le luxe soit social ou individuel, il relève d'abord et dans tous les cas de la morale. Je ne suis pas de ceux qui pensent qu'on peut le définir uniquement dans un sens péjoratif. Le bon sens et la langue française s'y opposeront toujours : il y a bel et bien un luxe mauvais et un bon luxe, sans cela le problème resterait bien simple. S'il est infiniment complexe et délicat au contraire, c'est qu'il relève de la conscience de chacun, des lumières de chacun, de l'intensité des désirs, factices ou non, de chacun... Judas taxait de mauvais luxe, le vase de parfums brisé aux pieds de Jésus. Mais la sainte Conscience d'un Sauveur en jugea tout autrement. Vous citez d'admirables définitions du luxe : mais aucune ne vaut pour tous les cas. La définition peut varier avec chaque situation et en tous cas dépend de chaque conscience, dans notre régime actuel. Ceci explique pourquoi, soit dans les classes dirigeantes, soit même dans les églises actuelles, on aborde fort peu ou point ce grave et brûlant sujet. Il faudrait pourtant insister sur la *moralisation du luxe*, et sur la démoralisation par le luxe, dans nos ligues de moralité publique et privée : et je vous remercie d'avoir amorcé cette question dans la partie consacrée au luxe individuel ; mais je suis sûr que notre civilisation jouisseuse nous obligera à y revenir encore, même après les avertissements éloquents de Charles Wagner (*La Vie simple*), même après votre puissant plaidoyer. Ce que nous devons faire, nous chrétiens, nous églises, contre le mauvais luxe, soit privé, soit national, vous l'avez indiqué nettement... ; vous avez raison de rechercher comment l'éducation scolaire, l'éducation civique et l'éducation religieuse, en se combinant ou en se complétant, pourront restreindre le luxe, et même le supprimer là où il est mauvais ou excessif... Mais nous ne

nous faisons pas illusion : les solutions de la liberté et de l'éducation ne sauraient, à elles seules, nous libérer du fléau social du luxe.

2. — Il y a donc *la façon sociale d'étudier le problème du luxe et de le résoudre*. C'est même sous cet aspect social que vous avez tenu à l'aborder d'abord et surtout; car, sans pousser la thèse jusqu'à l'absolu, on peut soutenir, au nom des spectacles que nous offrent les classes fortunées, qu'il y a un déterminisme créé par le luxe, dans lequel succombent presque nécessairement des milliers de consciences bourgeoises ou aristocratiques, de même qu'il y a un déterminisme créé par la misère, et qui atrophie ou tue des millions de consciences prolétariennes.

Comme vous l'avez fort bien montré, c'est par des mesures législatives, économiques, politiques, que l'on peut lutter efficacement contre ce déterminisme-là, broyeur automatique et lent d'individualités humaines. Le rôle de la loi, des mesures fiscales, est immense, mais excessivement délicat et difficile, à cause des résistances égoïstes ou aveugles. Que dis-je? une campagne comme celle que vous avez l'honneur d'inaugurer, au nom du *Christianisme social*, soulèverait contre elle, je crois, si on la prenait au sérieux, les pires oppositions et les clameurs des jouissances menacées. Car rien n'est féroce au monde comme une sensualité raffinée que l'on inquiète.

Si vous êtes appelé à un tel combat, cher Monsieur, que Dieu vous soit en aide !... Il y a bien le rôle des institutions sociales de vaste envergure (musées, bibliothèques, cités-jardins, parcs et forêts de l'État, écoles supérieures ouvertes, non aux plus riches, mais aux plus dignes, etc.) qui rendent inutiles ou quasi-impossibles certaines formes privées du luxe : vous avez indiqué admirablement tout cela, et je ne fais que le souligner... Mais, dans cette lutte sociale, ne comptez pas trop sur les mesures de socialisation par l'État ou les communes. Tant que la passion de jouir et celle de paraître resteront au cœur des hommes (fussent-ils socialistes), le luxe trouvera bien le moyen de s'afficher. Il faut donc une solution *chrétienne*, en même temps qu'une solution *socialiste*. Et la solution chrétienne, c'est d'abord la croix : le luxe supprime qui le supprime...

Ce dont il faut surtout vous remercier, c'est d'avoir traité des « notions sociales du luxe » avant d'aborder « la notion individuelle du luxe ». Certes, ici comme partout, le social et l'individuel sont étroitement solidaires ; mais le mal a dissocié ici plus qu'ailleurs ce qui, logiquement et normalement, serait indissoluble... Si nos chrétiens, tous individualistes à un degré inouï, et pas toujours dans le bon sens, pouvaient comprendre pourquoi vous avez traité le luxe social d'abord et surtout, et que, loin d'amoindrir le problème du luxe personnel, vous l'avez ainsi *situé* comme il convenait, nous vous devrions une reconnaissance sans bornes ! Car, en France, nous, les chrétiens sociaux, nous y avons perdu tout notre latin. Les protestants, bourgeois ou riches, dès qu'on leur parle d'une question sociale, quelle qu'elle soit, commencent toujours naïvement, — avec des horizons de taupe morale, — par la ramener aux petites proportions de la question morale personnelle, au lieu de situer d'abord le problème comme vous l'avez fait, pour arriver ensuite à mieux comprendre les immenses proportions, enflées par le devoir social, de la question personnelle, de la question du luxe privé par exemple !

Enfin, il me reste à vous remercier de nous avoir donné, au cours de votre étude, tout un programme, le programme même du Christianisme social.

— *Christianiser le socialisme et socialiser l'Église !*

— *Pénétrer de science, de conscience et d'inspiration chrétienne toutes les questions sociales et économiques, à commencer par celle des « sans travail » tout en bas, et à finir par celle, qui est corrélative des « luxueux » tout en haut !*

— Hiérarchiser selon la véritable échelle des valeurs (celle de la morale de l'Évangile) les légitimes besoins et les multiples aspirations de l'humanité : biens matériels, biens intellectuels et esthétiques, biens de l'âme que conditionne un certain nombre de droits à conquérir !

Mais le voilà bien tout entier, le programme de notre Union des chrétiens sociaux, de notre *Action chrétienne sociale* ?

Merci de nous l'avoir si fortement exposé, en réduisant en poussière les objections d'un luxe qui s'oppose à la justice sociale, quelquefois (ô ironie !) au nom de ses charités, et en projetant par nos pensées et nos visions d'avenir, la vive lumière de notre Idéal commun, du glorieux Royaume de Justice et de fraternité, où la richesse des élus n'aura plus pour condition la misère de damnés sans nombre, où la gloire des cieux n'aura plus pour ombre obligatoire les « slums » de nos Enfers, et où la souffrance et la mort des multitudes ne seront plus la rançon scandaleuse du bonheur et de la vie d'une élite.

Elie GOUNELLE.

LETTRE DE M. PAUL PASSY

Comme bien d'autres, le mot *luxe* est souvent employé d'une manière très vague. Il représente au moins deux conceptions différentes : d'une part, la jouissance large et joyeuse de choses, qui, sans être de première nécessité, contribuent à rendre la vie agréable et belle ; d'autre part, la poursuite de choses qui ne servent absolument à rien, que nous font seules rechercher nos fâcheuses habitudes de mollesse et de laisser-aller, ou le désir malsain de jeter de la poudre aux yeux.

Je regrette qu'on emploie le même mot dans les deux sens et je proposerais de réserver le mot *luxe* au deuxième, en disant, par exemple, *bien-être* dans le premier. Avec P. Sublet, commençant dans l'*Essor* l'enquête dont il est plusieurs fois parlé dans ce livre, je définirais le luxe « l'acquisition et la détention de biens inutiles à celui qui les possède, inutiles à son développement physique, intellectuel, esthétique ou moral ».

Dans ma réponse à l'enquête, je disais : « Un logement spacieux, aéré, ensoleillé, une nourriture saine et agréable, sont-ils du luxe ? Non, car ils contribuent à notre développement physique. Une bonne bibliothèque est utile à notre développement intellectuel ; les fleurs, les tableaux, la musique, à notre développement esthétique. Ces choses-là ne sont pas du luxe. Il en est autrement des choses dont on peut se passer, sans qu'il en résulte une déperdition de force vitale pour nous ou les nôtres. Vous fumez ; est-ce à votre développement moral ou intellectuel que le tabac contribue ? Vous prenez du vin à vos repas, du café après dîner ; perdriez-vous quelque chose à ne boire que de l'eau ? Les bibelots qui encombrent vos chambres, les rideaux qui empêchent la lumière d'y pénétrer, les tentures qui accumulent les poussières morbides, tout ça est-il vraiment utile ? Votre redingote, votre haut de forme, votre faux-col, vos gants, vous rendent-ils meilleur ? Etes-vous plus heureux parce qu'il vous faut changer deux ou trois fois d'assiette à dîner, ou employer des cuillères de dimensions différentes pour la soupe et pour le dessert ? »

Si nous nous demandons quelle devrait être notre attitude individuelle à l'égard du luxe et du bien-être, je réponds : nous abstenir aussi rigoureusement que possible du luxe, en nous appliquant, par une forte discipline, à nous affranchir des besoins factices, et en recherchant avec ardeur la belle vie simple et naturelle ; — et jouir du bien-être avec actions de grâces, tout en nous modérant pour ne pas en devenir les esclaves, et surtout par esprit d'amour pour nos frères moins bien partagés.

Mais le premier article de ce programme, d'une application difficile en tout cas à cause de la force des habitudes, se heurte à des obstacles inouïs que lui oppose la tyrannie des convenances sociales : quelle femme osera s'affranchir du luxe, odieux et malfaisant entre tous, imposé par la mode, qu'elle ne peut pas braver sans se déclasser ? — Quant au deuxième, il pose à la conscience une foule de questions troublantes, se ramenant à celle-ci : « Dans quelle mesure puis-je consacrer à mon superflu (même légitime, même salutaire) ce qui pourrait procurer le nécessaire à qui en manque ? » Question à laquelle il est impossible de répondre d'une manière satisfaisante tant que dure l'état social actuel. — De sorte que, bon gré mal gré, d'une manière comme d'une autre, nous sommes ramenés à la question sociale.

C'est pourquoi Félix de Béthune, dans le livre pour lequel il m'a fait l'honneur de me demander un mot de préface, traite surtout la question du luxe par son côté social. On ne peut que l'en féliciter.

Je le félicite aussi de l'envisager du point de vue chrétien. S'il y a une entreprise qui devrait animer d'un saint enthousiasme tous les disciples du Christ, c'est bien celle de renouveler la face de la terre en mettant à la portée de tous les hommes les biens que Dieu dispense si largement ; c'est de faire cesser le hideux règne de la misère avec son cortège de turpitudes et de crimes ; c'est d'abolir le contraste chaque jour plus révoltant entre l'atroce dénuement des uns et le scandaleux gaspillage des autres. Cette perspective, cependant, laisse froids les chrétiens en général, qui, bercés par la molle somnolence des Eglises, s'abritent lâchement derrière une parole de Jésus dont la fausseté a été vingt fois démontrée (« vous aurez toujours des pauvres »), pour continuer à jouir d'un luxe répugnant à côté de leurs frères mourant de faim et de froid — scandale qui suffit, et au-delà, pour expliquer l'incrédulité contemporaine ! Ce scandale, il faut pourtant qu'il cesse. Le jour vient, et il n'est pas loin, où nos enfants ne comprendront pas plus un chrétien capitaliste que nous ne comprenons un chrétien trafiquant d'esclaves.

Le livre de Béthune contribuera certainement à hâter la venue de ce jour ; c'est la meilleure recommandation qu'on puisse en faire. Parmi ceux qui le liront, il en fera crier beaucoup ; il en fera réfléchir un certain nombre ; j'ose croire qu'il en convertira quelques-uns. C'est certainement le vœu de l'auteur, et c'est aussi le mien.

Paul PASSY.

INTRODUCTION

Par les raffinements de son luxe, la classe bourgeoise prive le peuple des bienfaits d'une existence pleinement humaine ; elle est fière de sa supériorité dans tous les domaines ; du haut de la grandeur de ses privilèges, elle traite le prolétariat comme un mentor, un élève indiscipliné. Et cependant l'ensemble de la bourgeoisie ignore tout du problème social, de la détresse de son pupille ; elle se contente de jouir paisiblement des dépouilles de l'autre classe ; elle s'efforce de les garder le plus longtemps possible.

Les communautés chrétiennes, imbues des préjugés individualistes, semblent ne pas toujours s'apercevoir qu'il y a une question sociale, qu'elle est tout autre chose que telle ou telle réforme particulière (l'alcoolisme par exemple) : la question du droit à la vie physique et au travail pour les deux tiers de l'humanité, du relèvement intellectuel, esthétique et moral de l'homme ! La question sociale doit trouver une solution, si l'église veut reprendre son rôle d'éducatrice sur notre planète ; si, sincèrement repentante de ses retards, loyalement convertie au peuple, elle veut dissiper les malentendus qui séparent les miséreux du christianisme traditionnel.

Aucune des phases de l'évolution contemporaine ne nous touche de plus près que *la question du luxe*. Loin de feindre de l'ignorer, l'Etat et l'Eglise, qui se disent les parrain et marraine de la société, devraient l'étudier objectivement dans toute son ampleur et ses conséquences également délétères pour les deux classes. Loin de se dérober aux sanctions immédiates qu'imposerait cette étude, toute conscience droite se réveillerait au noble devoir à la fois humanitaire et chrétien. L'aspect du monde civilisé en serait changé.

Notre travail n'a pas la prétention de produire de nouveaux arguments sur les différents aspects du luxe. Il réunit en un volume des conférences nombreuses ; il résume les auteurs les plus en vue qui ont traité le sujet. Puisse-t-il faire réfléchir quelque lecteur inconnu et l'amener à se placer résolument en face de la solidarité sociale ! Puisse-t-il démontrer la stérilité des petits retranchements individuels, aussi longtemps que la société n'aura d'autres bases que l'ambition, la concurrence, la puissance de l'or ; aussi longtemps que notre monde moderne restera une survivance du droit germanique de conquête et du droit romain d'occupation ! Puissent nos appels convaincre les réactionnaires et les indifférents, que la concentration capitaliste doit faire place à une distribution plus équitable du bonheur avant l'avènement d'une ère de concorde et de paix.

PREMIERE PARTIE

Notions générales du Luxe

I

Le luxe et la Loi naturelle

> Ramassez toutes les miettes pour que rien ne se perde.   (Jean VI ; 12).
>
> Je te demande deux choses. Ne me les refuse pas avant que je meure. Ne me donne ni pauvreté ni richesse. Accorde-moi le nécessaire ; de peur que, dans l'abondance, je ne t'oublie, ou que, dans la pauvreté, je ne vole, ou je n'insulte au nom de mon Dieu.
> (Prov. XXX ; 7-9).
>
> Le luxe est une insulte et la pauvreté une blessure.
> M. DUMESNIL.

Toujours et partout, la mère-nature nous montre *l'entr'aide :* les éléments nous donnent l'exemple de la solidarité la plus parfaite : les molécules s'agencent et s'enchevêtrent ; les astres se soutiennent dans l'espace ; à l'aide du soleil, la terre et la mer font d'incessants échanges par les nuées complaisantes ; la fourmi et l'abeille travaillent pour leur communauté ; et le castor, comme nombre d'autres espèces, construisent le familistère de la tribu ; la pensée de Dieu — « en qui nous avons la vie, le mouvement et l'être » — est agissante en toute créature.

Pour tous, la divinité se pare, dans l'admirable cosmos, de sagesse, de grandeur, de magnificence, de prodigalité : elle fait luire le soleil sur les méchants comme sur les bons ; elle orne la terre de tous de tapis piqués de douces pâquerettes ; le lis des champs et la violette agrémentent et parfument les sentiers du pauvre. Comme François d'Assise, nous tressaillons à la vue du luxe que la nature jette à profusion aux pieds de tous les enfants des hommes.

L'évolution immense qui part de la matière diffuse et amorphe à l'origine, aboutit, après une série de transformations, à la personnalité consciente, à l'intelligence humaine. Et cependant, seul, le roi de la nature emploie la plénitude de ses facultés, à remplacer l'entr'aide mutuelle dans la vie, par la concurrence pour la vie ; à substituer à l'amour fraternel, la lutte pour la domination : Moi d'abord ! ! Arrivé par l'argent à la puissance, l'homme peut s'adonner à la vie de plaisirs, se pavaner devant ses semblables, condamner ceux-ci à servir ses caprices. Voilà l'humanité partagée en deux classes, celle qui jouit du superflu et celle qui manque du nécessaire ; et nous nous rappelons la devise inscrite au pied de la statue de Vinet à Lausanne : je veux l'homme maître de lui-même, afin qu'il soit mieux le serviteur de tous.

L'Eglise d'un côté, l'Etat de l'autre (1) devraient sentir que, institutions surannées, ils retardent sur les aspirations contemporaines, que la caravane humaine les laisse derrière elle, parce qu'ils ne mettent pas encore la juste répartition des richesses au premier plan de leurs préoccupations morales et économiques. Les dirigeants, s'ils reconnaissaient les signes du temps, se demanderaient si, (comme l'air, l'eau, la chaleur), la terre avec les trésors que le travail en tire, ne devraient pas être accessible à tous les humains. Un publiciste japonais, Kanto Utschimu-

---

(1) Nous ne ferons pas de distinction entre les Etats républicains et monarchiques. Nous confondrons souvent dans nos appréciations les diverses dénominations du christianisme, leur position étant à peu près identique en face de la question du luxe. Nous emploierons indifféremment les expressions christianisme-social et socialisme-chrétien, bien que ce dernier marque le terme d'une évolution auquel les chrétiens sociaux sont loin d'être tous arrivés.

ra, écrivait à un des traducteurs de son ouvrage sur les hommes illustres de l'ancien Japon : « Je suis le plus petit des descendants des Samouraï et le plus petit des disciples de J.-C. Cependant, je ne puis laisser tomber ce qui subsiste en moi de l'esprit des Samouraï. Leur loi m'impose le respect de moi-même, la haine de toute bassesse, de toute fausseté. Comme la loi du Christ, elle me dit que *l'amour de l'argent est la source de tous les maux.* C'est pourquoi, en fils de Samouraï, je dois m'opposer à ce principe de la chrétienté moderne qui dit : l'argent fait la force (Money is power). Et quand tous les chrétiens du monde se tourneraient vers Mammon pour le servir, en fils de Samouraï, je ne cesserai de protester (1) ».

II

Le luxe et l'Eglise

S'il est une religion qui eût pu imposer un frein à l'égoïsme aussi inconscient qu'insolent des jouisseurs de toute condition, n'est-ce pas le Christianisme, la religion de l'amour par excellence ? Le Bouddhisme *birman* offre de nos jours encore le rare exemple d'une nation ne connaissant qu'une classse de citoyens. Ceux-ci ne cherchent nullement à s'éclipser les uns les autres par leurs demeures, leurs toilettes, leurs serviteurs, leurs richesses accumulées. A plus forte raison, devrait-il en être ainsi du Christianisme, car « *le grand et nouveau commandement* » est sa base même. Il est là, gravé en caractères indélébiles sur le frontispice de tout temple de Dieu : « Tu aimeras les autres comme toi-même », c'est-à-dire... beaucoup ! Mais les siècles l'ont rendu indéchiffrable, les arguties théologiques l'ont affadi. Il est devenu une formule oratoire ; on le relègue dans la sphère des utopies eschatologiques. « Vous êtes tous frères » s'écriait le sublime prophète de Nazareth. « Or, si nous sommes tous frères,

(1) *Essor,* 9 décembre 1911.

tous faits à l'image de Dieu et également ses enfants, tous
une même race et un même sang, nous devons prendre
soin les uns des autres, et ce n'est pas sans raison qu'il
est écrit : Dieu a chargé chaque homme d'avoir soin de
son prochain (1) ».

Harnack écrit : « Jamais aucune religion, pas même le
Bouddhisme, ne s'est présentée avec un message social
aussi puissant, ne s'est identifiée aussi parfaitement à un
message de cette sorte que la religion de l'évangile » (2).
Mais, préoccupée avant tout de l'étude des arcanes sacrés,
l'Eglise contemporaine ne semble pas avoir conscience de
l'abîme social qui se creuse à ses pieds, par la disjonction
toujours plus accentuée de l'amour divin d'avec l'amour
effectif de l'homme. Désintéressée des souffrances d'une
classe dans la vie présente, l'Eglise en appelle constamment aux compensations de la vie future. C'est endormir
l'esprit de réforme, c'est ralentir le zèle pour l'organisation rationnelle de l'humanité (3). Celle-ci s'efforce de
résoudre les problèmes sociaux en dehors du christianisme et contre lui. *L'incomparable idéal de l'évangile*, où le
sens moral se déploie avec de si merveilleuses délica-
tesses, nous transporte au milieu d'une existence simple
comme celles de nos campagnes, où les complications de
la vie extérieure n'occupent presqu'aucune place (4).

Cet idéal de l'évangile, l'Eglise ne l'a point réalisé.
« Elle n'a pas entrepris de mener à bonne fin *une recons·
truction sociale* qui fût d'accord avec les principes du
christianisme... Dans l'évangile, elle a commenté la béati-
fication des pauvres ; mais elle a trop oublié de commen·
ter l'anathème jeté aux riches et de combattre le Mammonisme, la forme la plus dangereuse du péché individuel et
social (5) ». Les Eglises ont permis à l'opinion populaire

(1) Bossuet, *Politique tirée de l'Ecriture*, l. III, art. I. Cité par
L. Garriguet, *La valeur sociale de l'Evangile*, p. 136.

(2) Harnack, *Das Wesen des Christenthums*, V° leçon.

(3) Ernest Renan, cité par M. Van der Velde, *Socialisme et religion*. p. 163.

(4) Emile de Lavelaye, *Le Luxe*, p. 34.

(5) Rauschenbusch, cité par la *Revue du Christianisme social*, 1911,
p. 377.

de les solidariser avec une forme transitoire de la société et maintenant voici qu'elles risquent d'être entraînées dans la ruine du régime capitaliste (1). Eglise et réaction, c'est devenu la même chose. Pourquoi ? Parce que l'Eglise a bu à la source de vanité de Mammon. Mammon l'a ensorcelée. C'est lui qu'elle sert. Est-ce que le monde changerait jamais s'il n'y avait que l'Eglise (2) ?

« L'idéal d'une Eglise — famille (ou Fraternité) — ne fait vibrer que peu de cœurs. La chaleur et la solidarité, vous les trouverez ailleurs ». Au point de vue spirituel, on vit dans le passé et on végète dans le présent. C'est « *le temple enseveli* » de Mætterlinck, dont les vieux Huguenots... chantent la complainte ».

« Notre foi chrétienne est devenue exclusivement une foi d'âme, une magie d'âme avec des versets bibliques comme formules. C'est là le malentendu fondamental : ce que l'Evangile apporte comme une réalité créatrice et lumineuse pour le corps et pour l'âme, on l'a habilement transformé en une « vérité intérieure du cœur » qui n'a rien à faire avec la vérité extérieure (3) », avec les âpres réalités de la vie.

Innombrables seraient les citations plutôt sévères que nous pourrions aligner au sujet de la « neutralité » de l'Eglise en face du péché social et du luxe malsain en particulier. L'oubli des exigences de l'évangile social est si ancien qu'il est devenu comme un dogme vénérable. Au lieu de chanter victoire au quatrième siècle après son triomphe apparent sur le monde païen, l'Eglise eut dû reconnaître que c'était elle qui avait capitulé devant ses infiltrations égoïstes (4).

(1) Henri Monnier, *La Mission historique de Jésus*, p. 341.
(2) Kutter, *Sie Müssen*.
(3) H. Kutter, *Nous les Pasteurs*, p. 164.
(4) On est surpris de constater quel prix les prélats catholiques, comme leurs devanciers, les *Summi Pontifices* de Rome, attachent à la vanité des titres, aux hommes mondains, au faste du luxe officiel. De plus, Rome vend la noblesse, distribue les décorations, flatte les convoitises. Même dans les moindres bourgades, le catholicisme tient à dénommer la demeure, souvent modeste, de l'évêque : « Le palais épiscopal. » Malgré ce que ce titre a de choquant dans les colonies les plus égalitaires de l'Australasie, où les gou-

Lamennais (Paroles d'un croyant) s'écriait : « Je vous·
le dis, celui qui aime, son cœur est un paradis sur la
terre. Il a Dieu en soi, car Dieu est amour. L'homme
vicieux n'aime point, il convoite ; il a faim et soif de
tout ; son œil, tel que l'œil du serpent, fascine et attire,
mais c'est pour dévorer. L'amour repose au fond des
âmes comme une goutte de rosée dans le calice d'une
fleur. Oh, si vous saviez ce que c'est qu'aimer ! *Vous dites*
que vous aimez, et beaucoup de vos frères manquent de
pain pour soutenir leur vie, de vêtements pour couvrir
leurs membres nus, d'un toit pour s'abriter, d'une poi-
gnée de paille pour dormir dessus, tandis que vous avez
toutes ces choses en abondance. *Ce n'est pas là aimer !*
Vous dites que vous aimez et il y a. en grand nombre,
des malades qui languissent, privés de secours sur leur
pauvre couche, des malheureux qui pleurent sans que
personne pleure avec eux ; des petits enfants qui s'en
vont, tout transis de froid, de porte en porte, demander
aux riches une miette de leur table et qui ne l'obtien-
nent pas. *Vous dites* que vous aimez vos frères, et que
feriez-vous donc si vous les haïssiez ? *Et moi je vous le*
dis, quiconque, le pouvant, ne soulage pas son frère qui
souffre est l'ennemi de son frère ; et quiconque, le pouvant, ne nourrit pas son frère qui a faim, est un meur-
trier. » Il y a 89 ans que cet appel brûlant fut adressé
au christianisme ankylosé !!! Le peuple a compris de-

verneurs habitent des « *houses* », l'Eglise, même démocratisée, main-
tient le mot Palais. Cet affichage de la mondanité semblait indispensable, déjà au moyen-âge. Les cartulaires et les procès de cette
époque témoignent de l'âpre besoin qu'avaient les dignitaires ecclésiastiques de colifichets, de distinctions honorifiques, allant jusqu'au ridicule pour des successeurs du Charpentier et de ses disciples. L'évêque de Gand sortait, dit-on, dans un carrosse traîné par
quatre chevaux, tandis que l'abbé du Mont-Blandin, de la même
ville, devait se contenter de trois chevaux et d'une mule... Les pays.
où n'a pas passé le balai niveleur de la Révolution sont encore
contaminés par ce genre de compétitions, surtout l'Autriche.
« *Corruptio optimi pessima.* » Nous fûmes témoins de faits devant
lesquels les mondains du « siècle » rougiraient. On comprend que,
dans ces circonstances, l'Eglise catholique ne puisse réprimer le luxe
que la Bible appelle « *Vanitas vanitatum* ».

puis, qu'il n'avait rien à attendre de l'Eglise pour sa rédemption. Il fera la révolution sans elle et contre elle. Il ne demande même pas l'amour chrétien ; il réclame la justice.

Le protestantisme lui aussi éprouve des difficultés lorsqu'il essaye de sortir du « Laisser faire, laisser passer » traditionnel ; aussi n'est-il plus à la tête de l'évolution réformatrice. Il l'était pourtant à son début, symbolisant l'idée de progrès, présidant aux mouvements les plus audacieux, répondant aux aspirations des avant-gardes, guidant les peuples vers l'émancipation. Ce rôle de Réformateur, le protestantisme l'a perdu ; le grand courant de l'évolution contemporaine passe à côté et en avant de ses revendications évangéliques. La fidélité à ses traditions quatre fois séculières rappelle plutôt l'exécuteur testamentaire que l'héritier et le continuateur (1).

Nos successeurs... diront : « Dans l'église primitive de Corinthe, certains chrétiens ne voyaient rien d'incompatible entre la profession de la foi et la pratique de la débauche ; plus tard, les chrétiens s'accommodèrent fort bien de l'esclavage ; ils justifièrent longtemps la persécution ; au XIX° siècle, ils s'enorgueillissaient encore de leurs armées et priaient avant de s'entretuer. Au début du XX° siècle, la direction du christianisme évangélique était presque entièrement aux mains de la bourgeoisie et elle propageait pieusement dans ses cantiques, dans ses liturgies, dans ses catéchismes, la doctrine qui consolidait le pouvoir des privilégiés, la doctrine du « chacun pour soi ». Ce n'était pas méchanceté, c'était aberration. Pour aller communier à la table du Seigneur et proclamer la fraternité universelle, ils enjambaient des cadavres d'affamés et ils ne s'en apercevaient même plus (2) ».

La « neutralité » du christianisme officiel en face des injustices sociales est motivée par bien des causes Les Eglises craignent que la *zyzanie* DES DISCORDES ne les déchire si elles s'occupaient des affaires de ce monde. Le journal des Fraternités anglaises écrit sur ce sujet :

(1) Voir l'*Essor*, 11 novembre 1911.
(2) W. Monod, *La Fin d'un christianisme*, p. 68.

Nous ne pensons pas qu'un homme puisse être à la fois un bon chrétien et un mauvais politicien ; mais nous comprenons fort bien qu'un distillateur, un joueur au pari mutuel, un propriétaire d'habitations ouvrières sordides, un financier véreux, un employeur d'ouvrières à domicile, qui, par habitude ou pour tranquilliser sa conscience, demeure un membre assidu de son église et un de ses souscripteurs généreux, nous comprenons que cet homme-là ne désire pas qu'on touche aux questions sociales et politiques pendant le service divin.

Mais pour ceux qui acceptent la parole de Jésus : « Tout ce que vous voulez que les hommes vous fassent, faites-le leur vous-mêmes ; pour tous ceux qui se sentent les « gardiens » et les frères de leurs frères, l'idéal divin doit s'insinuer dans leurs vues politiques, dans leur activité civique, dans leur conduite au bureau ou à la fabrique. Cet idéal, c'est à l'Eglise à le transfigurer, car il sera aussi avantageux à la vie spirituelle de chacun, qu'à la prospérité sociale de la collectivité.

Sans doute, le christianisme plane trop haut au-dessus des partis, pour s'inféoder à l'un d'eux : cependant, l'Eglise du Christ doit avoir une politique à elle dans toutes les questions actuelles et son drapeau éternel doit dominer les intérêts opportunistes et les compétitions personnelles. Il sera simplement, toujours, en toutes circonstances, le signe de ralliement de ceux qui veulent la disparition du péché social et la proclamation de la justice en vue de l'amour. Ambroise de Milan ne craignait pas de dire leur fait aux grands de la terre et de barrer le seuil du temple à Théodose lui-même. Chrysostôme et d'autres affrontèrent les cachots plutôt que de se laisser condamner au silence par Irène devant le mal social. C'est avec une joie réelle que, dernièrement, nous entendîmes les doléances d'un exploiteur du peuple, qui refusait d'assister au culte protestant parce qu'un pasteur du nord de la France n'observait plus la neutralité réglementaire devant les injustices courantes.

Si la soit-disant neutralité permet aux mondains de se trouver à l'aise sous les ailes protectrices de l'Eglise, elle rejette loin de celle-ci les masses populaires. Comme le

Christ, la plèbe demande qu'on soit pour ou contre elle. Aussi le « *Christian Socialist* » de Chicago, cité par M. Gide (1), indique dans ses statuts, comme l'objet de sa mission, non pas seulement de faire pénétrer le christianisme dans le peuple, mais de *faire pénétrer dans les Eglises le message social de Jésus* et de montrer que le socialisme est l'expression économique de la vie chrétienne : « Persuadés que l'idéal du socialisme est identique à celui de l'Eglise et que l'évangile de la république coopérative (common wealth) est l'évangile du Royaume de Dieu traduit en termes économiques ». Une formule semblable a été adoptée par les socialistes chrétiens de langue française, dont *l'Espoir du Monde* est l'organe. Un pasteur américain va plus loin, il déclare (2) : « Le socialisme me paraît un remède encore conservateur et même réactionnaire contre les maux économiques et sociaux. En réalité, Karl Marx était un fade conservateur (dogged conservativ) comparé à Jésus-Christ ». Nous voici aux antipodes de la neutralité et bien près du Maître, celui-ci prêchant la bonne nouvelle aux pauvres, la délivrance aux captifs du luxe.

M. Wilfred Monod (3) rappelle que le Christ enseignait, prêchait, guérissait par les villes et les campagnes. La crainte de toucher aux questions actuelles, oblige l'Eglise à laisser aux savants et aux socialistes le soin d'enseigner et de guérir. Elle se réserve le rôle du prédicateur. Seulement, son auditoire est souvent différent et son message aussi.

Il nous serait aisé de montrer que *le peuple lui-même* eût voulu se mettre sous la houlette de l'Eglise dans la lutte contre le luxe (et nous y reviendrons). Toute la première moitié du dernier siècle retentit des appels à l'Eglise d'un prolétariat qui ne pouvait comprendre l'indifférence des successeurs du Christ à son égard, l'oubli volontaire des préceptes de l'évangile social. Saint-

(1) *Histoire des doctrines économiques*, p. 580.
(2) Herron, *L'Evangile du Royaume de Dieu*, cité par M. Gide, *op. cit.*, p. 580.
(3) *Revue chrétienne*, décembre 1911.

Simon adjurait le christianisme d'user de son crédit en faveur de la démocratie en travail d'émancipation : « Les apôtres ont dû reconnaître le pouvoir de César, ne disposant pas d'une force suffisante pour lutter contre lui et ils ont dû éviter de s'en faire un ennemi. Mais aujourd'hui, la position respective du pouvoir spirituel et du pouvoir temporel étant totalement changée... vous devez déclarer à tous les rois, que le seul moyen de rendre la royauté légitime consiste à la considérer comme une institution dont l'objet est *d'empêcher les riches et les puissants d'opprimer les pauvres ;* vous devez leur déclarer qu'ils ont pour devoir unique d'améliorer l'existence morale et physique de la classe la plus nombreuse et que *toute dépense ordonnée par eux dans l'administration de la fortune publique,* si elle n'est pas strictement nécessaire, est de leur part un crime qui les constitue *les ennemis de Dieu* ».

A l'inégalité entre « frères », au luxe qui en est la conséquence, le christianisme officiel n'a indiqué qu'un remède : les retranchements personnels en vue de L'AUMONE, du sport charitable, comme l'appelle Kutter (1); l'aumône dont l'Eglise elle-même est souvent la première à bénéficier. Mais l'aumône est souvent basée sur l'iniquité : elle est prélevée par la rente ou l'impôt sur ceux qui travaillent, au profit de ceux qui ne travaillent pas.

Le seul être qui puisse faire des dons véritablement gratuits, est celui qui, n'ayant rien reçu, peut tout donner, c'est-à-dire Dieu. De lui seul, nous pouvons recevoir sans perdre de notre dignité humaine. Le bourgeois se fait un point d'honneur de ne point accepter la charité, mais le grelotteux, le traîne-haillons se voit obligé d'aliéner sa liberté contre les secours d'une société de St-Vincent-de-Paul ou autre ; d'aller à la messe, d'envoyer ses enfants à une école qui ne jouit pas de sa confiance. L'ouvrier, s'il voit venir la dame visiteuse protestante, tire prestement de son tiroir une Bible et des traités. Si c'est une bonne sœur, il exhibe un chapelet ou un catéchisme. Si c'est l'employé de l'Assistance qui daigne le visiter, il

____

(1) *Nous les Pasteurs,* p. 240.

faudra que le logis soit sale, que les enfants en guenilles crient la faim apparente ou réelle. On lui laisse le choix entre son pain et l'hypocrisie de commande. Le socialiste, Paul Lafargue, écrit : La charité chrétienne qui, humblement, ne demande au riche qu'une miette de son superflu, est une vertu qui rapporte de gros bénéfices : sans troubler ses habitudes, sans gêner ses vices, sans déranger ses plaisirs, sans réclamer le moindre effort physique ou intellectuel et sans coûter cher, elle lui donne la jouissance morale de se croire un bienfaiteur, lui procure la considération sociale attachée à tout acte généreux et lui garantit par-dessus le marché une place réservée au Paradis, car, dit Saint-Pierre, « la charité couvre une foule de péchés (1). » Et, en effet, il est stupéfiant le nombre de bienfaiteurs que compte l'humanité dans la classe bourgeoise, mais la souffrance demeure également stupéfiante parmi les malheureux protégés !

C'est sur la justice distributive et non sur l'aumône que notre siècle entend reconstruire l'édifice social. C'est la justice que demandait avant tout le Christ : « Que votre justice luise devant les hommes » et, à la justice, il ajoutait l'amour désintéressé : « Quiconque ne renonce pas à tout ce qu'il a, ne peut être mon disciple. » Sacrifice d'ailleurs et bénéfice pour l'âme sont synonymes aux yeux du chrétien social. « Pas de complicité ! Ne nous contentons pas de secourir les pauvres, prenons leur parti(2). » Luttons avec le peuple pour sa délivrance. « Ces combats sont bénis plus que les discours écrits ou verbaux contre les hétérodoxes ou contre les malheurs du temps. »

L'Eglise multiplie LES ÉTABLISSEMENTS CHARITABLES. On s'extasie sur leur nombre. Ils recueillent les débris de la société. Nous nous félicitons de ce que ces débris soient recueillis quelque part ; mais nous déplorons que la société soit ainsi mise en débris : Orphelinats, sanatoria, refuges..., c'est justement cette variété d'asiles qui révèle l'abondance des vices de la société, comme la multitude

____

(1) *Le Mouvement socialiste.* Cité par M. Chastang, Congrès de Genève, p. 66.

(2) Kutter, *op. cit.*, p. 242.

des compresses dont un malade est couvert indique le grand nombre de ses plaies. (Paul Lapeyre). Semblable aux brancardiers de la Croix-Rouge, que l'on envoie après les mitrailleuses, au soir d'une rencontre sanglante, recueillir quelques épaves du massacre, l'Eglise ne songe pas que les dévouements de l'ambulance seraient superflus, si l'on mettait un terme à la violence. Le socialisme s'en prend à la cause des plaies sociales : Il sait qu'il ne s'agit pas des pauvres individuels, mais du prolétariat. La charité est impuissante en présence des oppressions et du triomphe de la force patronale ; le socialisme en appelle encore à la justice et toujours à la justice. C'est elle qui fortifiera la vie de famille, améliorera les mœurs, réformera les lois sur la propriété. N'oublions pas, comme le disait Vinet : « C'est sur le terrain de la justice que doit être enracinée la charité (1). Cette justice, qui rendra superflues plusieurs de nos œuvres de bienfaisance, le Charpentier de Nazareth, le Fils de l'homme, est précisément venu l'apporter. Après avoir souffert pendant sa courte vie, pour la justice en faveur des petits, des humbles, des méprisés, il est mort pour elle, victime de l'égoïsme des dirigeants de son pays.

L'inégalité de traitement entre les riches et les pauvres dans le domaine de L'ADMINISTRATION RELIGIEUSE blesse le grand nombre, à plus juste titre encore que l'inégalité économique. Avec le progrès de la culture au sein des masses, elle ne pourra certainement pas être maintenue (2).

Faisons silence sur LES INÉGALITÉS LITURGIQUES, lors des baptêmes, mariages et surtout des enterrements. Ne parlons pas des places réservées et souvent payées fort cher pendant les cultes. Partout, le respect de l'or, *sacra auri fames*, le mépris de celui dont le cœur peut être gonflé, mais dont la bourse est légère. « Dieu n'a-t-il pas choisi ceux que le monde appelle : les pauvres, pour les faire riches en foi et héritiers du Royaume qu'il a promis à ceux qui l'aiment (3) ? »

(1) Cité par M. Chastaud, Congrès de Genève, p. 85.
(2) Anton Menger, *L'Etat socialiste*, p. 299.
(3) Jacques, II, 5.

Nous nous sommes souvent demandé, en face de « l'acception de personnes » qui règne dans certains milieux chrétiens, si l'évangile social n'était pas devenu l'apanage du prolétariat laïque et incrédule : « Ne faites point d'acception de personnes en la foi de notre Seigneur Jésus, le Christ de gloire. Si, par exemple, il entre dans votre assemblée un homme ayant un anneau d'or au doigt et revêtu d'habits brillants, et qu'il y entre aussi un pauvre aux vêtements sordides, et que vous regardiez celui qui porte de brillants habits et lui disiez : Toi, assieds-toi ici à cette place d'honneur, et que vous disiez au pauvre : Toi, reste-là debout, ou bien : Assieds-toi plus bas que mon marchepied ; n'est-ce point là faire des distinctions entre frères et vous établir juges dans de mauvais sentiments (1) ? »

A voir le luxe des palais et les distinctions de classes régner dans l'enceinte sacrée, on croirait que les faveurs de la Divinité sont réparties comme celles des princes de ce monde, que les traîne-haillons peuvent à peine en ramasser les miettes de rebut, et cependant l'évangile est clair : « Malheur à vous, riches ; heureux, vous, les pauvres (2) ! » La dignité du *mariage*, péristyle de la famille, est symbolisée dans l'Eglise par tout ce que la poésie peut inventer de gracieuses cérémonies : la blancheur de la toilette d'une mariée ressort sur la fraîche parure des fleurs les plus rares ; le discours de l'officiant est un encensement gradué des deux époux comme des deux familles ; le rythme de la musique, la berceuse des orgues font vibrer sous les voûtes sacrées les airs les plus

(1) Jacques, II, 1.

(2) En se mettant toujours du côté du pauvre contre le riche, Jésus n'a pas voulu exalter la misère et les privations, comme un ordre normal. Bien au contraire, c'est avec emphase qu'il oppose aux austérités de Jean-Baptiste sa vie simple et variée. Nous verrons dans la suite qu'il prenait part aux fêtes et aux banquets de son pays, qu'il voulait la vie belle, heureuse, féconde *pour tous*. Jamais le Christ n'a songé à fonder les ordres mendiants. Dès leurs origines, à Paris, Guillaume de Saint-Amour confondait les franciscains et les dominicains dans le même anathème et lançait contre les congrégations de mendiants son écrit célèbre. (1256). Il abominait en eux les précurseurs de l'Antéchrist. (W. Monod, *Le Roi*, p. 413).

joyeux ; les cloches des grands jours saluent l'arrivée et le départ du cortège nuptial. Et cependant, ces mariages mondains, pour lesquels le faste du luxe dilapide tant de travail cristallisé, ces unions ne sont pas toujours autre chose que des contrats notariés. Les noces du pauvre, qui sont déjà assombries par les incertitudes, les angoisses du lendemain, l'Eglise semble les expédier en un temps et deux mouvements. Les cabarets seront les premières haltes du jeune bonheur et souvent nous avons vu une journée qui eut dû demeurer radieuse entre toutes, se terminer par des rixes tragiques, comme si jamais une aurore céleste ne pouvait ensoleiller les déshérités de la « basse classe ».

L'inégalité qui a poursuivi le malheureux durant son existence de misère, l'écrase jusque dans les *pompes de la mort :* à l'âme du pauvre une prière latine, marmotée à la hâte sur le seuil de l'édifice, au riche le grand luxe des messes de parade devant l'autel du sanctuaire, à lui les trentaines, les anniversaires éternisant une existence qui fut peut-être futile ou nuisible (1). Pour le dandy, le caveau personnel, la concession à perpétuité, le monument de granit ; pour le grelotteux, la fosse commune, la tranchée de toute la classe. Les petites âmes légères des plantes, baignées des larmes de la famille comme de la rosée du matin, ne fleuriront même pas sa tombe ; la bêche impatiente, bientôt, refouillera ce même sol, pour y engloutir pêle-mêle de nouveaux martyrs du travail, et les disciples du Christ prolétarien continueront à chanter: *Alleluia,* sans se préoccuper du grondement trop légitime de la plèbe qui crie : Justice !

Cette lamentable méconnaissance de l'évangile social

(1) Telle de nos parentes s'assura par ses dispositions testamentaires cinq mille messes, telle autre commanda six mille messes pour elle et son mari ; et tel pauvre se vit refuser le saint sacrifice parce qu'il n'avait plus que 1 fr. 50 à consacrer au repos éternel de son père. — Certaines démocraties protestantes et laïques, comme le Canton de Vaud, ont supprimé les classes aux enterrements et ont introduit la gratuité du linceul, du cercueil, du corbillard (le même pour tous les citoyens) et la fosse individuelle sans distinction de places, sans coin des pauvres et des réprouvés. Mais ce sont là, dans le protestantisme, de louables, mais rares exceptions.

sur le terrain religieux lui-même, implique l'hostilité des Eglises dans les domaines politique et économique : « Partout, les orthodoxies sont les plus fermes soutiens du capitalisme dans ses efforts de domination sur les prolétaires. Aussi n'est-il pas étonnant que ces derniers, rencontrant les Eglises sur leur chemin, constatant « l'alliance du coffre-fort et de l'autel », sont presque irrésistiblement entraînés à prendre l'offensive et à mener campagne, non seulement contre le capitalisme, mais contre ses alliées (1) ».

Parcourons les différents Etats de l'Europe : l'Eglise est censée planer au-dessus de la mêlée des classes, sous le fallacieux principe qu'il faut TOUJOURS RESPECTER L'AUTORITÉ ÉTABLIE, s'incliner devant l'aristocratie, soutenir le militarisme, l'Eglise est donc loin de demeurer aussi « neutre » qu'elle le fait croire. En France, MM. Brunetière, Fr. Coppée, J. Lemaître et d'autres ont inféodé le Christianisme à la réaction ; en Portugal, l'Eglise s'insurge contre l'Etat républicain et voudrait rétablir la dynastie bien pensante ; en Angleterre, les deux Eglises, anglicane et romaine s'unissent pour la défense des Lords et des privilégiés de la naissance et du luxe ; en Allemagne, Julien Stahl, pour ne citer que lui, le principal représentant de la doctrine théocratique de l'Etat, professe sans hésitation dans son ouvrage : *Die Philosophie des Rechts* (II, 2) : « Que Dieu partage sur les questions politiques les plus importantes, les vues des grands propriétaires fonciers prusiens (2). » A voir avec quelle ardeur l'Eglise luthérienne d'Allemagne combat la social-démocratie, on se

---

(1) M. Van der Velde, *Socialisme et religion*, p. 107. L'auteur cite, à la page 121, d'autres indices « que la religion est avant tout pour les classes maîtresses un instrument de règne, un moyen de maintenir le *statu quo* politique et économique ». Si l'Eglise est le contrefort de l'Etat, celui-ci ne demeure pas toujours en reste : Le Kaiser s'écriait à Strasbourg : « Dans les temps actuels, si agités, et où l'esprit d'incrédulité tend à se répandre dans le pays, l'Eglise n'a de soutien et de protection que la main de l'Empereur et le drapeau de l'Empire allemand. » Alphonse XIII s'est exprimé d'une façon identique dans sa lettre à l'évêque de Barcelone (*La Fin d'un christianisme*, p. 33).

(2) Anton Menger, *op. cit.*, p. 229.

demande si jamais l'évangile des pauvres a pénétré dans ces milieux très orthodoxes, car nous nous souvenons de cette parole, entre beaucoup d'autres : « Quiconque ne pratique pas la justice, n'est pas né de Dieu. » « Si votre justice ne surpasse celle des scribes et des pharisiens... » Ces anathèmes ne sont pas empruntés à quelque méchant socialiste, ils émanent du plus doux, mais aussi du plus ferme des hommes que le monde ait vu.

Par contre, nous voyons poindre à l'horizon, comme de petites perce-neige fraîches et malléables, au milieu des arbres raidis de nos vieilles institutions du passé, des âmes à la fois très chrétiennes et très modernes. Le CHRISTIANISME SOCIAL conscient de sa méthode et de son idéal semble se faire jour, oh, bien lentement ! comme le prélude d'une ère nouvelle qui nous ramènerait d'un côté à la primitive Eglise, aux plaines de Galilée, de l'autre, au seuil de la cité de justice. Il se sépare du collectivisme matérialisé par l'affirmation catégorique de la nécessité d'une réforme morale individuelle ; de même qu'inversement, il se sépare du christianisme individualiste par l'affirmation que le salut individuel implique la réforme sociale. Ce n'est pas pour eux-mêmes, c'est pour leur peuple, que les prophètes d'Israël sont ce qu'ils sont. De même, le Bouddha, après bien des années de recherches arrive à l'heureuse certitude de sa propre délivrance mais quand, alors, Marâ, le tentateur, l'incite à quitter cette terre de douleur et à entrer immédiatement dans le Nirvâna, il refuse, déclarant qu'il se doit au salut de l'humanité souffrante, et il consacre le reste de sa longue vie, quarante ans, à prêcher au monde la voie de la Délivrance qu'il a découverte. « Je veux être anathème et séparé du Christ, pour le salut de mes frères », disait saint Paul. Je ne veux pas être sauvé seul..., dit le chrétien social. Je ne serai complètement sauvé que lorsque l'humanité sera sauvée... La Fraternité humaine est inséparable de la Paternité divine... La loi de solidarité nous rend conscients de nos complicités dans le péché social. Ainsi, la doctrine évangélique subordonne la pleine réalisation de mon salut personnel, au salut des autres. Le Christ lui-même se sanctifiait pour les autres... La conver sion du cœur implique la conversion du milieu... A quoi bon, par exemple, prêcher la chasteté à des gens qui sont réduits à coucher dans une même chambre, sans distinction de sexe ni d'âge (1) ? Le régime de la grande industrie est le plus grand obstacle au salut des pêcheurs qu'ait encore rencontré le Christ (2). M. Kutter dépeint le christianisme traditionnel en termes sévères : « Examinez notre christianisme privé : compromis sur compromis entre Evangile et égoïsme. On a échangé les réalités concrètes et puissantes de l'Evangile contre le doux murmure d'une piété de cœur, qui n'a même plus l'idée qu'il puisse y avoir des faits et des réalités sur ce domaine. On rabaisse aujourd'hui à l'état d'impressions d'âme religieuses, de sentiments édifiants, de considérations théologiques (à moins qu'on ne les jette de côté avec mépris), les enthousiasmes auxquels les grands héros de la vérité divine et les églises du christianisme primitif sacrifiaient leur vie. » Mais le même auteur consacre des pages lumineuses à l'esprit du christianisme social et à la lutte contre le luxe mondain. Il y a des devoirs... qui ne peuvent être remplis dans une tristesse poignante et muette, que par des hommes résolus à se soumettre aux exigences révolutionnaires de la vérité ; des devoirs qui les entraînent sur la voie mortelle du renoncement à soi-même, du renoncement au vieux cher monde... Ces devoirs, les prendre au sérieux, nous le savons, c'est s'élever courageusement contre la foncière hypocrisie, le mammonisme de la société chrétienne et les condamner sans merci. Voilà ce qu'aujourd'hui signifie la croix, aussi bien que jadis, quand Jésus saignait... (3).

La manifestation la plus concrète du christianisme social se trouve dans le mouvement des FRATERNITÉS ANGLAISES, des Eglises-institutions, d'où le luxe et les distinctions honorifiques sont bannies. Au Congrès de 1911, tenu à Londres, M. Gardiner fit voir le souffle qui anime les frères d'Outre-Manche : Elles ont ramené la société au

---

(1) Voir Ch. Gide, *Hist. des Doctr. économiques*, p. 583.
(2) Elie Gounelle.
(3) Kutter, *Nous les Pasteurs*, p. 12.

vrai fondement de la famille humaine, le fondement d'une démocratie inspirée non par l'intérêt personnel, mais par l'idéal d'un monde dans lequel la justice serait réalisée et où la bonne volonté prévaudrait ; un monde qui sentirait que le luxe est une insulte et la pauvreté une blessure : Ces Eglises laïques des Fraternités n'adoptent pas une politique sociale arrêtée, mais elles contribuent à *créer un état d'esprit, une atmosphère* de laquelle un nouvel ordre de choses peut surgir. Nivelant notre société, aujourd'hui stratifiée en classes, les Fraternités la ramènent à cette vérité élémentaire, que ce n'est pas Dieu qui a fait le riche et le pauvre, qu'il a fait l'homme et les hommes tout simplement. Un pour tous, tous pour un ! Il y a là un esprit nouveau (1). Que la qualité de frère implique celle de Sauveur (*brotherhood stands for saviourhood*). Les Fraternités présentent ce grand avantage — et nous y insistons — qu'elle travaillent *à la fois au relèvement collectif et individuel ;* elles ne discutent pas sur la priorité des deux méthodes ; elles ne se demandent pas éternellement par quel bout il convient de commencer le creusement du tunnel à travers la lourde montagne qui nous sépare de la justice ; elles l'attaquent par les deux côtés, sans que l'on puisse dire si elles rendent plus de services en préparant les lois sociales dans leurs deux mille réunions hebdomadaires, ou en arrachant à l'égoïsme les six cent mille membres qui se trouvent sous leur influence bénie (2). Il est indiscutable que le *milieu* agit sur les individus, mais le milieu ne se fait pas tout seul ; ce sont les individualités qui le créent et elles le créent par leurs mœurs autant que par les révolutions et les lois. Guérir chaque membre, c'est procurer la santé au corps tout entier. La société sera bonne ou mauvaise suivant que dans leur ensemble, ses

(1) Voir M. Dumesnil, *Universel*, oct. 1911.

(2) Jaurès, parlant devant une assemblée composée en grande partie d'ecclésiastiques, disait, d'après *le Semeur Vaudois* : « Nous, Messieurs, nous avons entrepris la réforme sociale par la réforme de la société. Vous, vous l'avez rêvée par la réforme de l'individu. Nous avons enfilé, les uns et les autres. le même sentier, mais par les entrées opposées; au milieu, nous nous rencontrerons quand même. » (*Cité dans Passy : Christianisme et Socialisme,* p. 20.)

membres seront bons ou mauvais. L'édifice le plus harmonieux, construit avec des moellons défectueux, ne saurait
constituer dans sa totalité un édifice parfait et durable.
« Si les travailleurs triomphaient sans avoir accompli
les évolutions morales qui sont indispensables, leur règne
serait abominable et le monde serait replongé dans des
souffrances, des brutalités et des injustices aussi grandes
que celles du présent (1) ». *Quid leges sine moribus*, disait
Cicéron ! Tout cela, les Fraternités l'ont compris. Elles
mesurent la sincérité du christianisme, non au nombre des
églises qui s'ouvrent le dimanche, mais au nombre des
hommes de devoir et de sacrifice ; au nombre des familles
libérées et heureuses, au nombre d'enfants bien élevés et
bien vêtus ; à la mesure dans laquelle les travailleurs reçoivent le salaire de leurs peines ; au soin que prend la
société d'adapter les fardeaux aux capacités de ceux qui
les portent : *Nil humani mihi alienum !* Elles *veulent* la
régénération spirituelle et économique de l'humanité ; par
une lutte intense et sans merci, elles attaquent à la fois
le mal social et les défaillances individuelles.

Cet esprit est bien celui du Christ de Nazareth, car,
comme on l'a souvent reconnu, c'est dans les plaines de
Galilée, c'est à Golgotha que naquirent et furent consacrés
les principes immortels d'une saine démocratie, *Jésus
s'identifiant avec le peuple :* « J'ai eu faim et vous m'avez
nourri, j'ai eu soif... J'étais étranger... J'étais nu ; j'étais
malade... J'étais en prison et vous êtes venus vers moi (2).

LE COTÉ SPIRITUEL ET MYSTIQUE du christianisme ne serait-il pas obscurci par les préoccupations sociales ? Voilà
ce qui cause parfois les appréhensions des Eglises traditionnelles, ce qui les empêche de prendre parti pour ou
contre le luxe malsain et les autres péchés sociaux. Elles
craignent que les réalités de l'ordre mystique ne perdent
de leur importance, si les réalités de la vie entrent dans
leur programme. Nous pensons, au contraire, que le rayonnement de la foi dans la vie publique et privée renforcera
la vie intérieure et lui donnera, par répercussion, des

____

(1) Van der Velde, *Education ou Révolution*, préface.
(2) Matthieu, XXV, 34 et suiv.

élans toujours plus divins : « Celui-là, disait Jésus, comprendra ma doctrine qui la mettra en pratique (1). »

M. Fr. Durrleman traite cette question. Empruntons librement à son admirable travail quelques pensées saillantes (2). Conclusion bien inattendue, diront quelques-uns : ce n'était pas la peine de nous mener au cœur des injustices sociales, pour nous ramener au cœur de la piété ! Ceci est rassurant, penseront d'autres : la piété corrigera la soif de réformes ; le socialisme restera d'un côté, le christianisme de l'autre. D'autres diront : la vie religieuse a partie liée avec l'organisation capitaliste ; quand les oreilles délicate de la bourgeoisie risqueront d'être incommodées par les cris de révolte d'un peuple qui veut arriver à sa rédemption, les prêtres et les pasteurs entonneront des cantiques plus mélodieux et moins troublants. Le clergé, en prêchant le retour du prolétariat aux sources de l'espérance chrétienne veut surtout éteindre l'incendie social menaçant les institutions qui retardent sur les aspirations populaires !

Rien ne devrait plus troubler les âmes inféodées à notre régime social, que la décision de prendre au sérieux la vie spirituelle du christianisme. En face de l'organisation économique actuelle, dont la caractéristique est précisément de ne pas être une organisation, en face de l'anarchie dans la production ; en face de l'injustice persistante ; de la dilapidation du travail par le luxe ; de l'oppression des consciences ; des misères morales inhérentes à la condition présente de l'ouvrier ; en face, en un mot, de *la vie inhumaine du plus grand nombre de nos semblables*, l'Eglise doit revendiquer au nom de son souci spirituel, que l'ordre soit, que la justice soit, que la liberté soit, que la fraternité soit, que la possibilité de vivre soit. L'Eglise doit, nous semble-t-il, priser à tel point l'ordre, la justice, la liberté, la fraternité, la vie, qu'il lui sera désormais impossible de prendre son parti d'une société dans laquelle presque rien de tout cela n'est encore.

Nous devons prendre tellement au sérieux la vie spiri-

(1) Voir Jean, XIII, 17 et autres passages.
(2) Réunions de Livron 1909, *Le monde ouvrier.*

tuelle, que « nous nous refusions à croire que la morale n'a rien à voir dans le domaine économique (1) ». « La Religion, d'après Pascal, c'est Dieu sensible au cœur. » Mais cet élément mystique demeure une adoration « de bouche et des lèvres ». Si nous n'y ajoutons le complément moral de Kant : « La Religion c'est reconnaître le devoir comme un ordre divin. » Cet impératif catégorique nous fait sonder les redoutables répercussions sur la moralité publique et privée du régime anarchique où nous vivons. « Une forme d'activité économique qui a pris une telle place dans la vie sociale ne peut évidemment rester à ce point déréglée, sans qu'il en résulte les troubles les plus profonds (2) ».

Et ainsi l'homme spirituel, tout pénétré de l'idéal divin, est amené à se demander, si ce n'est pas poursuivre quelqu'insaisissable chimère que de chercher à couler des êtres nouveaux, dont l'âme sera bonne, généreuse, aimante, pacifique, dans le vieux moule social tout dégoûtant des larmes et du sang qu'y fait couler la lutte à outrance, la concurrence impitoyable, la guerre impie entre des frères, le luxe insolent des uns, fait des noires privations des autres... Et, au nom de la vie spirituelle, l'homme selon l'esprit, *passe de l'inquiétude sociale à cette conversion sociale* qui consiste à refuser l'adhésion de son âme à une réalité sociale préconisant comme suprême sagesse la liberté du mal, de la haine, de l'injustice, de la misère ; et à se tourner résolument, au prix de tous les sacrifices, vers un idéal social où la justice sera la règle, où l'amour règnera. Lamennais n'écrivait-il pas déjà dans le *Livre du peuple :* « C'est précisément parce que nous puisons sans cesse aux intuitions de la vie intérieure, que nous nous détournons attristés, parfois indignés, d'une conception sociale mal dégagée encore de la barbarie fratricide primitive. Mais c'est en restant les amants de la vie spirituelle que nous saluons la société future et que nous travaillons à cette organisation de la Fraternité ».

On aime à répéter que l'Eglise est la plus tendre des

(1) Henri Appia, *Le christianisme social,* p. 119.
(2) Emile Durckheim, *Bulletin pour l'action morale,* 15 janvier 1902.

mères : une mère ne laisse pas son fils ou sa fille au milieu des miasmes délétères. Or le peuple se croit abandonné par l'Eglise, lui qui devrait se sentir entouré de tendresses, non comme fils ou fille, mais comme incarnation de la divinité. M. Lloyd George s'écriait naguère : « que le chrétien jusqu'ici indifférent à l'abaissement des travailleurs, aille vivre pendant six mois leur vie pénible ; qu'il élève ses fils ou ses filles comme l'ouvrier est forcé d'élever les siens, et je ne doute pas, qu'après cette expérience, il ne se joigne à nous dans la lutte ».

« L'Eglise s'est donnée à ceux qui prétendent vouloir je ne sais quelle vie spirituelle, sans vouloir les résultats sociaux de la vie spirituelle, sans accepter la vie spirituelle elle-même, telle que l'évangile nous la montre. L'Eglise évangélise les âmes individuelles, alors que dans les conditions économiques actuelles de notre industrie, le peuple ne sait pas s'il a une âme et n'a certainement ni le temps ni les moyens de s'en assurer ». L'Eglise appelle les Réveils individuels, mais « je me méfie d'un Réveil qui ne produit pas une réaction immédiate et irrésistible de l'âme contre tous les agents de décomposition sociale dont l'égoïsme peuple la société ».

Sans doute, nous ne méconnaissons pas la grande loi de la propagation de la vie, si vraie dans le monde spirituel, à savoir que *seuls les vivants peuvent donner la vie*. Les âmes spirituelles s'allument aux âmes spirituelles... Nous témoignerons que c'est au contact de Jésus, de sa personne historique toujours vivante, que s'allument les âmes spirituelles et qu'il est, Lui, l'homme vraiment nouveau, la cellule initiale de la société nouvelle. Lorsqu'elle aura vu en nous, ce Christ pleurant sur elle, au nom de la vie spirituelle méconnue, la plèbe s'arrêtera elle aussi devant le Fils de l'homme ; le malentendu qui la sépare de celui qui l'a si tendrement aimée, se dissipera et les âmes reprendront vie (1).

(1) Nous ne pouvons assez engager le lecteur à méditer dans le travail déjà mentionné de M. Fr. Durrleman la connexité étroite entre la vie spirituelle et nos devoirs sociaux. Voir aussi, sur ce sujet (outre les ouvrages de M. Kutter), Elie Gounelle, *Nos principes religieux.*

On ne peut plus nier aujourd'hui que les conditions temporelles des hommes doivent trouver leur place dans la prédication de l'Evangile, si nous voulons que celle-ci garde encore quelque influence. Les questions matérielles se sont cruellement vengées du dédain où nous les tenions. Vengées d'abord par l'apparition d'un prolétariat qui vient se jeter comme une haute marée contre les murs lézardés de nos églises ; puis, par l'action toujours amoindrie des prédications et de l'enseignement religieux ; vengées surtout par la démoralisation croissante des masses. Il saute aux yeux que l'Eglise protestante a été dépassée par le mouvement social des dernières années et se laisse traîner à la remorque (1).

Parlant de *la déformation* du christianisme par la distinction entre « l'intérieur et l'extérieur », entre la croyance et la vie, Kutter s'écrie : C'est elle qui a permis au chrétien le plus sévère de servir Dieu et Mammon sans y prendre garde ; c'est elle qui a effacé le nom de Dieu de la vie réelle des hommes ; c'est par sa faute que les « fidèles » ne peuvent se représenter le ciel, le trône du Dieu vivant, que sous la forme d'une salle céleste dans l'au-delà, ornée d'or et de pierreries ; par sa faute, toujours, que les revendications les plus pressantes, non seulement de l'Evangile, mais de la plus commune humanité, sont écartées par les chrétiens mêmes, comme impossibles et insensées, et que le monde est sous la menace d'une convulsion à côté de laquelle toutes les révolutions passées n'ont été qu'un jeu d'enfants (2). En effet, nous avons rencontré les millionnaires les plus égoïstes, convaincus qu'ils étaient des « pauvres en esprit », des êtres généreux dans les libéralités faciles qui tombaient d'une main distraite. Personne n'était là pour les avertir, pour leur montrer leurs complicités dans l'injustice universelle envers les travailleurs. « Notre devoir est d'une difficulté surhumaine. Mais Dieu manifeste sa puissance parmi les faibles. Bien plus facile est la vie d'un christianisme de compromis, qui a rabaissé le Dieu vivant à une simple

(1) Kutter, *Nous les Pasteurs*, p. 9.
(2) Kutter, *Nous les Pasteurs*, p. 1 .

parole d'édification. Bien plus commode est la morale chrétienne courante, qui s'entend avec le monde, plutôt que de le vaincre ; ce quiétisme passif qui adore dans la misère les décrets insondables de Dieu, au lieu de lui opposer les forces de la vie ! Mais quels fruits ont-ils portés... ? « Celui qui cherche son âme la perdra, mais celui qui la perd, la retrouvera ». Si le Dieu de justice est pour nous, qui sera contre nous (1) ? »

Si j'étais riche ! Cette aspiration mondaine s'exhale encore de bien des cœurs, qui se croient sincèrement chrétiens. Nous pensons qu'en présence des affirmations du Christ d'un côté, de la misère sociale de l'autre, l'Eglise devrait répéter : Heureux vous, les pauvres ; cherchez d'abord le Royaume de Dieu et sa justice ! Otez le mal du milieu de vous et vous en séparez ! Ne le caressez pas, n'en profitez pas pour la satisfaction d'un salut égoïste et la sauvegarde des raffinements de votre luxe. A l'arrivée des premiers chrétiens, en Europe, on les accusa de bouleverser le monde, comme leur Maître ; puisse l'Eglise chrétienne de notre époque se rendre digne du même reproche, en se dressant contre le luxe et l'injustice : *Fiat justicia, ruat cœlum !*

III

Le luxe et l'Etat

Emanation du peuple, l'Etat, lui aussi, semble-t-il, a failli à sa mission comme tuteur de tous les citoyens. Au lieu d'opposer un mur d'airain à la concentration capitaliste et aux envahissements du luxe, les dirigeants de l'école classique ont proclamé la doctrine du « *laisser faire, laisser passer* » ; panacée universelle de la liberté du fort expropriant le faible. Sous le régime actuel, l'égalité est complète, nous dit-on, comme aussi la liberté ; tous doivent travailler devant la majestueuse justice de la

(1) Kutter, *Nous les Pasteurs*, p. 210.

Loi : Elle interdit au riche comme au pauvre de coucher sous les ponts, de mendier dans la rue, de voler un morceau de pain ; elle permet au pauvre comme au riche d'acquérir des châteaux et des maisons de rapport ; de se livrer au luxe le plus désordonné, aux dépens du prochain. Carlyle, Tolstoï, Ruskin se sont élevés contre cette doctrine égoïste de Caïn. Ruskin s'écrie : « Trois fois maudite, trois fois impie, la doctrine des économistes : cherchez premièrement votre intérêt et ce sera fatalement l'intérêt de tous ; notre Maître n'a pas dit cela (1) ! »

Dans son livre prophétique « Paroles d'un croyant » (De l'esclavage moderne), Lamennais s'écrie : « Nous en sommes encore à la solution païenne du problème social, à l'esclavage des nations antiques, atténué seulement et déguisé sous d'autres noms et sous d'autres formes... Vous verrez le prolétaire et à le voir vous comprendrez ce qu'il est : c'est celui qui ne possède rien, absolument rien autre, que sa force de travail et qui ne peut vivre que de son labeur. Vous verrez qu'il est esclave et qu'il n'y a là aucune exagération littéraire, car, par le salaire qui lui est indispensable pour vivre, il est entièrement dépendant du capitaliste à qui il est tenu à soumission parfaite, car « dans la bourse de celui-ci est la vie de celui-là ». Que cette bourse se ferme, que le salaire vienne manquer à l'ouvrier, il faudra qu'il meure. Imagine-t-on une dépendance comparable à celle-là, comparable à une dépendance fondée sur le droit absolu de vie et de mort ? Vous les verrez, ces esclaves modernes, dont « *les chaînes et les verges, c'est la faim* », vous les verrez plus malheureux que les esclaves antiques, « car enfin l'esclave était au moins toujours assuré de la nourriture et du vêtement, d'un abri pour s'y réfugier le soir, de soins pendant la maladie, à cause de *l'intérêt* que le maître avait de le conserver ; et le même intérêt empêchait qu'on ne l'accablât sous le poids d'un travail excessif, tandis qu'on peut impunément accumuler sur le prolétaire les fatigues les moins tolérables, et que jamais il n'est sûr du lendemain.

(1) Ruskin, Crown of wild olive : Lect. II. Cité par M. Gide, *Hist. des Doctr. économiques*, p. 585.

S'il souffre, qui s'en inquiète ? S'il meurt, qui le sait ? Un autre lui succède : tant les rangs sont pressés, tant la faim est prompte à remplir les places ! » Il est vrai que la société affirme que *l'ouvrier est libre,* que tous les citoyens sont égaux. Il est vrai que l'Eglise pare cet état de choses du doux nom de Fraternité chrétienne et que tout Lamennais, tout Shaftesbury, tout Tolstoï, tout homme de cœur ayant l'audace de rectifier les termes, sera mis au ban de la bonne société ou excommunié par ses pairs, comme apostat à sa classe sociale et au christianisme traditionnel.

La doctrine du laisser-faire, Lacordaire la flétrit comme Lamennais son maître : « Sachent donc ceux qui l'ignorent, sachent les ennemis de Dieu et du genre humain, quelque nom qu'ils prennent, qu'entre le fort et le faible, entre le riche et le pauvre, entre le maître et le serviteur, *c'est la liberté qui opprime et la loi qui affranchit.* Le droit est l'épée des grands, le devoir est le bouclier des petits (1) ». « Je crois que le laisser-faire absolu est l'abandon du faible entre les mains du fort... (2) ».

Et, en effet, c'est le laisser-faire qui a permis au fort de s'emparer de la terre et d'accaparer les instruments de travail du faible ; de laisser sévir la Loi d'airain, rarement adoucie par la Loi de l'offre et de la demande, cette dernière étant surabondante sur le marché de chair à dividendes. C'est le laisser-faire qu'il faut donc accuser d'avoir favorisé le luxe d'un côté, la misère de l'autre. Mais on objecte à l'intervention de l'Etat dans les conditions du travail, la nécessité de laisser *le patron maître chez lui,* arbitre des salaires et de la discipline dans son établissement. Les législateurs de la Nouvelle-Zélande répondent et nous avec eux : s'il plaît au patron de demeurer seul, en tête-à-tête avec ses puissantes machines, l'Etat n'a pas à intervenir pour la protection de celles-ci ; mais, du moment que le patron embauche des citoyens, ses droits sont limités par la liberté de ceux-ci et l'Etat, comme tuteur naturel du faible, doit s'intéresser à son sort.

(1) Cinquante-deuxième Confér. de N. D.
(2) Corresp. de Lacordaire. Appendice XVI. p. 502.

L'administration de la justice demande le respect de la vie humaine, dont la dignité vaut celle de l'or jeté dans l'entreprise.

Ce qui blesse la conscience dans les rapports entre patron et salarié, c'est que celui-ci est par définition un homme dont la propriété (cerveau et muscles) ne sert qu'à augmenter la fortune d'autrui et ne peut presque jamais faire la sienne (Ch. Gide). Les dictons : « Tout soldat porte dans sa giberne un bâton de maréchal », ou : « Tout ouvrier peut escalader la bourgeoisie », sont moins une réalité sociale qu'une amère raillerie des traîne-misère.

M. Ernest Solvay déplore cette inégalité initiale entre les citoyens réputés égaux devant la loi du laisser-faire : « Nous approchons peu à peu, mais inévitablement, de l'époque où un grand et dernier pas doit être imprimé à la civilisation. L'abolition de l'esclavage et du servage n'a pas été complète. Elle n'a pas porté sur la naissance. L'homme civilisé naît encore noble ou roturier, maître ou valet, dans l'opulence ou le dénuement ; après cela seulement, il est libre. Cette froissante et colossale inégalité du commencement d'une vie commune à parcourir, près de laquelle l'égalité qui suit n'est que dérisoire, est le dernier et le plus important débris du passé de l'humanité que nous ayons à faire disparaître pour qu'une association d'êtres intelligents devienne ce qu'elle doit être : *Egalement avantageuse et équitable pour tous*, et ne fasse regretter à aucun de ses membres la lutte primitive et libre pour l'existence (1). »

L'Etat, sans se préoccuper de l'origine des richesses acquises, *veille jalousement sur les propriétés matérielles* inscrites au cadastre national. L'Etat ne se demande pas s'il est légitime et dans quelle mesure il est légitime qu'un citoyen possède une part de la richesse publique qu'il n'a ni créée ni contribué à créer et dont d'autres ont le plus pressant besoin, mais il enregistre cette propriété, la consacre et la défend pour les siècles des siècles. D'autre part, se ressouvenant de la doctrine du laisser-faire, l'Etat se désintéresse de la valeur des valeurs, de la valeur

(1) Cité dans *Le Socialisme en Belgique,* p. 245.

humaine, valeur plus légitime et plus sacrée cependant que les biens matériels ; or, pour le grand nombre, cette valeur de la personnalité est subordonnée à la propriété ; l'individu devient le moyen : la richesse matérielle et le luxe qui en découle sont la fin.

L'Etat veille *au maintien de l'ordre public.* Il sévit contre une agression violente sur la voie publique ; mais l'exploitation lente et voulue de la chair humaine, par la loi d'airain, ne lui apparaît pas comme un désordre.

L'Etat veille, par la cour des comptes, *sur les deniers publics,* mais il ne voit pas comme un mal social, la dilapidation de la fortune de tous par les gaspillages du luxe de quelques-uns.

L'Etat est censé veiller *au développement physique et moral* de la race, mais il laisse écraser, abrutir la masse des citoyens pour la satisfaction des convoitises du détenteur des instruments de travail.

Notre époque ne se contente plus d'une liberté *théorique,* elle réclame une liberté *effective.* Mais, devant elle se dresse *la citadelle des privilèges acquis : « Toute propriété matérielle est sacrée ! ! »* Un examen sommaire suffirait cependant à montrer combien plus sacrés sont les droits imprescriptibles des producteurs. Peu de personnes savent à quelles spéculations, à quelles roueries sont souvent dues les fortunes les mieux établies et, par suite, le luxe qui en découle : 1° les millions des *trusts* d'accaparements ; 2° les spéculations heureuses de certains *financiers ;* 3° les trésors rapportés des *colonies ;* 4° les distributions de terres en *Russie :* elles impliquaient la possession des serfs. Les Csars donnaient les biens du peuple à leurs favoris, et, comme accessoire, les habitants ou ex-propriétaires ; 5° les terres *d'Irlande ;* 6° les terres *d'Ecosse :* 1.700.000 hectares appartiennent aujourd'hui à huit Lords ; 1.700.000 à trente et une personnes, 1.000.000 à trois cent seize personnes ; le reste du pays, soit 1.000.000 d'hectares, est partagé entre les 4.700.000 citoyens. Les Lords expulsent des villages entiers et les rejettent sur les villes pour la raison péremptoire que le gibier préfère le silence (*game like silence*). Ainsi, des milliers de familles sont arrachées à une patrie qu'elles chérissaient depuis des siècles, et la terre redevient inculte ; mais le plaisir de ces bienfaiteurs de l'humanité prime tout patriotisme et toute justice. La voilà dans toute son horreur, *l'expropriation* sans indemnité, sans aucune utilité publique, mais si l'on parle d'expropriation avec indemnité et pour cause d'utilité publique, on passe pour un détrousseur et un anarchiste révolutionnaire. Ils sont chez eux ces seigneurs : l'Etat qui leur a permis de s'emparer du pays ne peut les dessaisir. Ils font de leurs domaines ce qu'ils veulent. La population n'a qu'à périr ou se disperser dans les bouges de Glasgow ou de l'étranger ; 7° l'*Angleterre*, le home de la justice chrétienne : M. Ward nous montre (1) que les landlords gouvernaient le pays, il y a deux siècles : Eux seuls légiféraient. Or, un pouvoir est ou non chrétien, selon qu'il a l'esprit d'égoïsme ou l'esprit d'amour. L'aristocratie légiféra « dans un esprit de sordide égoïsme ». « Les classes privilégiées s'annexèrent par des Actes privés du Parlement, passés par eux-mêmes, des millions d'arpents du sol national, et eux qui étaient déjà riches, s'enrichirent démesurément, plongeant des multitudes de pauvres dans la plus abjecte misère ». « Malheur, disait-on jusqu'en 1830, à celui qui vole une poule sur le communal, mais honneur à celui qui vole le communal tout entier (2) ! »

Karl Marx expose dans le premier volume du *Capital* tout un appareil de preuves de l'avidité des propriétaires. Nous ne pouvons citer ici que le passage suivant, emprunté à un ouvrage du Rév. Addington, publié en 1772 : « Dans le Northamptonshire et le Lincolnshire, il a été procédé en grand à la clôture des terrains communaux, et la plupart des *nouvelles seigneuries* issues de cette opération ont été converties en pâturages, si bien que là où on labourait 1.500 acres de terre, on n'en laboure plus que 50... Des ruines de maisons, de granges, d'étables, etc., voilà les seules traces laissées par les anciens habitants. En maint endroit, des centaines de demeures et de familles ont été réduites à huit ou dix... Les petits propriétaires et les manants... sont expulsés de leurs possessions,

(1) *Revue du christianisme social*, 1911, p. 515.
(2) **Van der Velde,** *Les avantages de la propriété communale,* p. 6.

avec leurs familles et nombre d'autres personnes qu'ils occupaient et entretenaient (1) ».

8° Nous ne pouvons parler des biens nationaux de *France,* d'*Italie* et de *Belgique* (2) ni poursuivre le tableau des blasons redorés, non par l'activité ou les talents de leurs possesseurs, mais par l'incurie de l'Etat, la chance ou l'accroissement de la prospérité publique due au travail de la nation.

« Toute l'aristocratie de la race, de la force ou de la finance, comme telle, ne répond pas aux exigences égalitaires du christianisme. Une société où les uns, par le fait de leur naissance, du hasard ou de la conquête, ont tous les agréments, tous les pouvoirs, toutes les commodités et facilités pour vivre ; et où les autres, par le fait de cette naissance, de ce hasard ou de cette conquête, n'existent éternellement, eux et leur postérité la plus éloignée, en vertu de prétendues lois divines et humaines, que pour se tenir à un étage inférieur, appliquées aux besognes viles, et à assurer le bien-être de ceux d'en haut, de ceux qui ont eu la chance de sortir de la tête de Brahma, *est une société aux antipodes de l'idéal chrétien.* La caste, comme on l'a parfaitement observé, n'est que l'exploitation organisée de l'inférieur par le supérieur. Une distinction de classes, fondée sur l'argent ou le sang, qui ne sert pas réellement au bien de tous, mais assujétit plutôt, sous une forme ou sous une autre, les moins fortunés et les empêche, par ses accaparements, ses monopoles, sa frénésie de luxe et de plaisirs, d'atteindre le plein épanouissement de leur droit à la vie, à la vérité et à la justice, *est une sorte de paganisme (3)* ».

(1) Van der Velde, *op. cit.*, p. 7. Jamais le christianisme n'a protesté !!!

(2) En Belgique, sur une population de 7.516.730 habitants, il y a 719.986 propriétaires soit 10 0/0 de la population globale, ou 18 0/0 de la population majeure. 17.386 propriétaires (2.40 0/0) possèdent 1.730.647 hectares, soit 01.95 0/0 de l'étendue du territoire. De ces 17.386 propriétaires, 7.192 possèdent 1.403.762 hectares, c'est-à-dire plus de la moitié du sol national agricole. La concentration capitaliste s'accentue d'année en année, le faire-valoir direct diminue d'autant. Quant aux richesses industrielles, on sait qui les détient. Voir : *Le Régime clérical en Belgique,* du Dr Barnich, p. 347).

(3) A. Lugan, *L'enseignement social de Jésus,* pp. 203-9.

Le vingtième siècle entend demander des comptes au millionnaire sur les sources de son bien, mais ses revendications vont plus loin : Il attend de l'Etat qu'il fasse contribuer à la production de nouveaux biens, *qu'il fasse travailler tous les citoyens* qui jouissent de sa protection ; ce qui serait aussi profitable aux oisifs eux-mêmes qu'à la société. On nous dit que si le père de famille accumule des richesses, c'est afin d'en assurer la jouissance à ses descendants. Peut-être ce mobile intéressé incite-t-il aujourd'hui le père à la production, mais il jette assurément sa postérité dans tous les dangers de la fainéantise. On a souvent cité cet empereur de l'antiquité (de la famille de Tang) qui tenait pour maxime de l'Etat, que s'il y avait un homme en Chine qui ne labourât pas et une femme qui ne s'occupât pas à filer, quelqu'un souffrait de la faim et du froid dans l'empire ; et sur ce principe, il fit démolir une infinité de monastères de bonzes. Le même souverain disait : « Tant d'hommes étant occupés à faire des habits pour un seul homme, le moyen qu'il n'y ait bien des gens qui manquent d'habits ? Il y a dix personnes qui mangent le revenu des terres contre un laboureur ; le moyen qu'il n'y ait bien des gens qui manquent d'aliments ? » Mais il n'est pas aisé de faire travailler tout le monde, sous le régime actuel, de trouver à chacun une vocation qui corresponde à ses aptitudes naturelles ! « Quiconque peut travailler, a écrit Bordas, la loi éternelle lui ordonne de le faire utilement ; s'il y manque, vivant de ce que les autres produisent, sans rien produire lui-même, il est un voleur public (1) ». Mais ils seraient peu flattés de se voir traités de voleurs, les hobereaux qui, au réveil, se demandent comment ils « tueront le temps » de la journée ! La chasse n'est pas toujours ouverte, les clubs, les dîners, les bals, les spectacles, les soupers fatiguent par le vide qu'ils laissent dans l'âme. Qu'on nous permette de citer ici l'un des passages où saint Paul traite du devoir d'un travail fonction sociale. Quoique théocratique au moyen-âge, l'Etat ne s'en est pas soucié et l'Eglise fort peu. Nos législateurs chrétiens pourraient s'en inspirer là où, comme en

(1) *Essais sur la Réforme catholique.*

Belgique, ils sont souverains au Parlement : « Nous vous recommandons, Frères, au nom du Seigneur Jésus-Christ, de vous éloigner de tout frère qui se conduit d'une manière déréglée et ne suit pas les règles que vous avez reçues de nous. Vous savez vous-mêmes ce qu'il faut faire pour nous imiter, car nous n'avons pas vécu parmi vous d'une manière déréglée ; nous n'avons mangé gratis le pain de personne, mais nous avons, nuit et jour, péniblement et laborieusement, travaillé pour n'être à charge à aucun d'entre vous ; et ce n'était pas parce que nous n'en avions pas le droit, mais c'était pour vous donner un exemple à imiter. Quand nous étions parmi vous, nous vous donnions cette règle : Celui qui refuse de travailler ne doit pas non plus manger. Nous apprenons, en effet, qu'il y a parmi vous des personnes qui se conduisent d'une manière déréglée, qui ne travaillent point et perdent leur temps à des futilités. Nous invitons et nous exhortons ces personnes-là à travailler paisiblement et à manger un pain qui soit le leur » (1). N'est-ce pas là une page de Karl Marx ? D'après l'apôtre, le « dérèglement » du parasitisme et du luxe d'emprunt constituerait un vice par lui-même ; aussi l'État agissait-il sagement au moyen-âge en mettant à mort ceux que l'Église lui signalait comme lecteurs des Écritures ; l'État moderne se borne à ignorer les revendications des socialistes chrétiens.

Le socialiste Goupil écrit : Il n'y a qu'une manière d'assurer à chaque individu le maximum de développement compatible avec le libre développement des autres hommes, c'est de faire en sorte que l'homme n'ait à travailler que pour lui-même, pour la femme qui est la gardienne de son foyer, pour les petits qui ne peuvent pas encore produire et pour les aînés qui ne le peuvent plus ; accidentellement pour les débiles et les infirmes, mais non pour le parasite du capital ; ce moyen, c'est de laisser au travailleur le temps suffisant pour donner à son intelligence comme à son corps les soins et la nourriture nécessaires ; c'est de faire que la haute culture ne soit plus le privilège d'une caste et que les denrées nécessaires à la

____

(1) I Thessal., III, 6-12.

vie ne soient plus la propriété d'un trust avoué ou secret, mais que la production et le débit en soient réglés par la communauté. Cela et cela seul peut permettre le développement complet et l'harmonie de l'individu, et le parti socialiste est le seul qui demande cela sans détour, sans réticences. C'est pourquoi il est seul un parti de liberté, n'en déplaise aux pseudo-républicains qui l'accusent de vouloir la caserne pour tous (1) ».

Le Père Gratry s'écriait : « Je ne demande au monde contemporain qu'une seule chose, *la volonté déterminée* d'abolir la misère ». Nous n'en demanderions pas davantage à l'Etat moderne : *S'il le voulait,* il pourrait mettre un frein au gaspillage du luxe. On nous objecte que l'Etat devrait recourir, comme en Nouvelle-Zélande, à des mesures *d'expropriation* et que celles-ci sont odieuses aux privilégiés. On exproprie volontiers le nègre des colonies pour le forcer à travailler ; on exproprie l'ouvrier par la conscription ; on l'arrache à son instrument de travail ; on l'expulse de l'usine ; on le chasse de son habitation après des naissances trop nombreuses dans la famille... Mais l'Etat n'exproprie pas les châtelains ou les propriétaires des banlieues, alors que leurs terrains seraient indispensables au logement salubre de la population. Le rôle de l'Etat exigerait cependant qu'il exproprie le moins possible de citoyens ; or les châtelains sont peu nombreux et leurs terres donneraient de l'air et du bonheur à tous. Le rôle de l'Etat devrait être d'exproprier les objets les moins nécessaires à leurs détenteurs ; or, le luxe et le superflu sont moins indispensables au riche que la liberté ne l'est au prolétariat.

L'expropriation, les rentiers l'appellent, lorsque l'indemnité leur paraît avantageuse. Ils la désireraient surtout, si par l'impôt progressif sur le revenu, l'Etat reprenait d'une part ce qu'il donne de l'autre.

On nous dit que les peuples ont les gouvernements qu'ils méritent ; que dans une démocratie (comme en France) *le peuple-roi est maître de l'Etat,* qu'il tient son sort entre ses propres mains, qu'il n'aurait qu'à secouer ses chaînes

____

(1) Cité par l'*Espoir du Monde,* 1910, p. 163.

devant l'urne électorale, pour les voir tomber à ses pieds. La réalité pratique est autre pour un prolétariat encore inconscient et divisé : Les républiques comme les monarchies demeurent des gouvernements d'en haut, des gouvernements des hommes et non des choses. L'exploitation du peuple se fait au nom du peuple lui-même. Tous les quatre ans, ses maîtres l'invitent à ratifier son éternelle abjection, et le bonhomme, tout fier de tant d'honneur, met solennellement sa signature au bas de l'acte qui consacre sa dépendance et le maintien des privilèges comme de la misère.

« Le ministère est censé consulter le pays, mais c'est lui qui pose la question du jour, la grande presse capitaliste souffle la réponse, l'administration suggère le candidat... et l'électeur, étourdi, ahuri, gavé de promesses, ébloui et flagorné, va dignement mettre dans l'urne le bulletin qu'on lui a glissé dans la main. Théoriquement, c'est l'électeur qui fait le gouvernement ; pratiquement, c'est le gouvernement qui fait les élections. Comme sous les régimes autocratiques, c'est toujours d'en haut, c'est-à-dire de la finance, que vient l'autorité... Tout autant qu'autrefois, le budget est pillé, les denrées accaparées, les réformes ajournées, la classe ouvrière maltraitée (1) ».

« Ainsi s'est assoupi, ajoute le fougueux anarchiste français, *sur le mol oreiller parlementaire*, ce puissant instinct de révolte qui, tous les vingt ans, au cours du siècle dernier, jetait le prolétariat sur ses maîtres et déchaînait une révolution qui, plus d'une fois, fit trembler l'Europe. Aujourd'hui, le « lion populaire » est domestiqué et c'est l'effet tout naturel de la cage démocratique où on l'a enfermé ».

Et, en effet, on est tristement surpris, en songeant que, tandis que les hommes et les partis se succèdent au pouvoir, le luxe dissipateur perdure d'un côté et la noire misère est à peine atténuée de l'autre. Seulement, nous trouvons des causes plus profondes à l'impuissance du parlementarisme abâtardi de certaines nations. *L'égoïsme* n'empêche-t-il pas l'électeur de songer à autre chose qu'à

____

(1) Delaisi, *La Démocratie et les Financiers*.

son intérêt personnel et immédiat ? *L'ignorance et une certaine dégradation morale* n'ont-elles pas affadi les consciences ? La soif immodérée de l'argent, des plaisirs, du luxe n'existe-t-elle pas aussi au fond du cœur des prolétaires ? L'exemple d'en haut a fini par déteindre sur les masses d'en bas.

Ce même parlementarisme a triomphé jusqu'ici de tous les obtacles en Nouvelle-Zélande, parce que l'éducation morale de l'électeur et le contrôle efficace de l'opinion publique sont à la hauteur de leur mission. Dix-huit années ont suffi, dans ce Dominion lointain, pour enrayer l'exploitation de l'homme par l'homme et les gaspillages du travail de tous pour les jouissances de quelques-uns.

A côté des vices d'un parlementarisme impuissant, les éléments avancés du prolétariat signalent ceux de la *ploutocratie*. Empruntons encore à M. Delaisi le tableau plutôt sombre des agissements intéressés de la haute finance et de la colonisation française : « ...Ces cin-quante-cinq personnages acquièrent de ce fait (la direction des banques, des chemins de fer, de la presse, etc.) une manière de toute-puissance. Car dans une société qui repose sur la propriété individuelle, la force réelle appar-tient à qui tient l'argent et ils ont à leur discrétion la for-tune du pays. Ils sont donc les chefs et véritablement les rois de la France. Maîtres du pouvoir économique, il ne tiendrait qu'à eux de s'emparer du pouvoir politique. Mais ils ont jugé que ce serait imprudent : Un gouvernement qui se propose l'exploitation de plusieurs millions de prolétaires par une élite de financiers, ne peut manquer d'exciter à la longue, de profondes colères. Plus une oligarchie est restreinte, plus elle est fragile. Si elle gou-verne à « découvert », elle risque de succomber prompte-ment sous le nombre des mécontents. L'histoire du dix-neuvième siècle l'a bien prouvé. L'oligarchie de nobles et de prêtres qui régnait sous le nom de Charles X fut balayée en 1830 par une émeute parisienne ; en 1848, une seconde émeute balaya l'oligarchie bourgeoise constituée par Louis-Philippe ; et la bande de gens d'affaires groupés par Napoléon III autour de son trône de fortune, s'effon-dra sous la révolte parisienne du 4 septembre ».

« Alors une idée vint à ces hommes : garder pour eux la « réalité » du pouvoir, mais en abandonner les « apparences » au peuple lui-même. Ils lui dirent : « Désormais, c'est toi le souverain ; tu éliras tes représentants et ces représentants feront la loi (1) ». On voit par ces appels à la révolte contre la puissance de l'argent, combien redoutable est la discordance entre les institutions du passé et l'avant-garde d'une démocratie impatiente de justice. D'un côté, le char de l'Etat demeure enlisé dans les vieilles ornières du pouvoir financier, de l'autre, la caravane immense des miséreux passe haletante ; se demandant pourquoi les descendants des démolisseurs de la Bastille des nobles et du clergé, ne s'attaqueraient pas bientôt aux bastilles de la bourgeoisie, aux privilèges de la richesse. Délivrer sept prisonniers était une tâche d'un jour, mais faire l'éducation morale de plusieurs millions de pauvres prolétaires est chose ardue.

La vague humaine se remue pour l'émancipation du travail, les ouvriers s'agitent ; les syndicats groupés autour de la C. G. T., reprennent l'idéal révolutionnaire abandonné par les politiciens réformistes. Les mécontents tournent leur espoir de rédemption vers cette force nouvelle. Pour l'empêcher de grandir, l'Etat fera quelques concessions aux ouvriers : On vote la loi sur le repos hebdomadaire que la bourgeoisie n'appliquera guère ; on vote les retraites ouvrières à soixante-cinq ans avec prélèvement sur les salaires ; on vote un certain nombre d'autres lois secondaires, mais on remet aux calendes la réforme de la propriété, des moyens de production, de circulation et d'échanges ; on éloigne la coupe amère de l'impôt sur le revenu (2), on ne songe pas à convertir en valeurs *nominatives,* les valeurs au porteur.

(1) Delaisi, *op. cit.,* p. 181.

(2) Nous demeurons rêveurs en pensant que cet impôt si juste, qui dans aucun pays protestant, ne donne prise à la fraude, n'ait jamais pu être introduit en pays catholique, par la crainte des fausses déclarations ; cet impôt, M. Leroy-Beaulieu l'appelle une révolution fiscale ! Pourquoi masquer les revenus, s'ils sont honnêtes ! Il en est presque de même d'autres réformes élémentaires, comme la suppression des octrois, etc... Quant aux régies directes, qui donnent

L'anarchiste français a peu de confiance dans les lois réformatrices de son pays : « Par la magie des belles phrases électorales, par les manèges d'une habile politique, on a conduit le socialisme de la lutte de classe à la collaboration des classes, de la révolution sociale à la conservation sociale, comme on habitue un chien à porter le fouet de son maître. Les financiers peuvent être pleinement rassurés, on ne fera rien contre la haute oligarchie, on ne fera rien pour soulager la souffrance ». Cette note pessimiste sonne-t-elle un glas funèbre ou une résurrection ? Les révolutionnaires ont-ils raison de désespérer de l'action de l'Etat ? Les réformistes ont-ils tort de s'efforcer d'amender les pouvoirs existants ? Nous sommes avec ceux qui préfèrent l'évolution scientifique à la révolution catastrophique. Le prolétariat Néo-Zélandais, par ses prompts et glorieux succès, nous montre la voie. Seulement, c'est précisément *la modération* du « socialisme pratique sans doctrines » qui conquit l'opinion publique, qui enchassa dans ses rangs tous les bourgeois philanthropes, tous les chrétiens désireux de mettre fin au règne de l'exploitation des masses pour le luxe de quelques-uns.

Nous ne voyons pas bien la société s'endormant un soir sous le régime capitaliste et se réveillant le lendemain en régime collectiviste. On l'a dit souvent : Il faudrait peu de temps aux ateliers, pour transformer les wagons de première et de troisième classes en voitures de seconde, il serait relativement aisé de transformer les palais en institutions publiques, les parcs privés en écoles modèles... ; mais pour créer de toutes pièces une société altruiste, pour déraciner du cœur humain la soif de domination et de luxe, il faudrait une puissance divine. Pour mettre d'accord toutes les mentalités, pour aplanir les différends entre les coopératives de production et celles de consommation aux intérêts contraires..., nous ne

pleine satisfaction dans les contrées protestantes, elles laissent à désirer là où l'éducation première du peuple n'est pas fondée sur la conscience et l'individualité responsables des citoyens. Ces régies étatistes ne peuvent d'ailleurs être qu'une caricature de la socialisation future de l'industrie.

voyons, en dehors d'un Etat parlementaire assaini, qu'une dictature qui puisse ménager les transitions (1). Nous avons pu le constater, en Nouvelle-Zélande, où l'on ne se paye pas de mots sonores, d'espoirs chimériques, il a fallu toute la sage lenteur et toute la puissance de l'Etat pour *imposer à tous* les réformes successives qui brisèrent l'attrait du luxe. Il a fallu travailler et retravailler les projets de réforme, y habituer progressivement les citoyens, en aggraver les sanctions. Seul l'Etat jouit du prestige de l'expérience ; ses rouages sont éprouvés depuis des générations ; il dispose de la force publique, des pénalités de la justice toujours respectée ; de tout l'outillage que la tradition a mis dans sa lourde main. Minerve sortant toute armée de la cervelle de Jupiter, appartient à la fable ; la sagesse surgissant de cervelles mal préparées au gouvernement d'une nation, appartient à l'utopie. Les expériences des bouleversements catastrophiques du passé n'inspirent pas une pleine confiance dans le lendemain d'un cyclone politique ou d'une trombe balayant tout un monde sur son passage. Il est incontestable que, dans l'administration des coopératives (excellente école, cependant), les jeunes enthousiastes de l'anarchie n'ont pas été à la hauteur de leur tâche. Sans être déterministe, on redoute de confier à des cerveaux peu préparés et d'une honnêteté douteuse le sort des nations civilisées. Pour rénover les consciences, il faut autre chose que le chant de la Carmagnole.

Et pourtant, en face de l'indifférence irrémédiable de l'Europe, en présence des espoirs toujours déçus dans l'Etat comme dans l'Eglise proclamant tous deux la légiti-

____

(1) L'Etat bourgeois ne se borne plus à diriger la police, à préparer la guerre. Il a dû, bon gré mal gré, assumer d'autres fonctions. Il s'est fait maître d'école, entrepreneur de transports ou de travaux publics, voire distillateur, débitant de tabacs ou exploitant de charbonnages. Mais les caractères fondamentaux de l'Etat ne se sont pas modifiés. Il est resté, même quand il exerce ces fonctions nouvelles, ce qu'il était auparavant : Un organe d'autorité fait, bien plutôt pour le gouvernement des hommes, pour la politique, que pour l'administration des choses, pour la gestion économique de la production. (Voir E. Van der Velde, *L'Action socialiste*, p. 18).

mité du luxe des uns aux dépens des autres, les réformistes les plus modérés renoncent à *la collaboration des classes*, au service simultané des deux maîtres opposés ; ils ne perdent pas une occasion de dire aux travailleurs qu'ils doivent *se sauver eux-mêmes*, que Lasalle avait raison d'envisager la bourgeoisie comme un bloc réactionnaire et Marx, de confier l'émancipation des travailleurs à leur propre parti. Ils déclarent que la paix sociale sans la justice sociale est un leurre. Ils affirment que le prolétariat ne peut espérer s'affranchir qu'en se plaçant résolument sur le terrain de *la lutte des classes*. A la veille de la Révolution, le clergé et la noblesse aussi prêchaient le maintien du *statu-quo :* « Nous sommes en possession de tout et vous n'êtes rien ; de grâce, patientez ; ne déchaînez pas une lutte fratricide ; la résignation est la plus belle des vertus ! » Puissent nos gouvernants donner tort à ceux qui renoncent à *demander* éternellement la reconnaissance de leurs droits et engagent le peuple à *prendre* ceux-ci de vive force ! Gouverner, c'est prévoir.

Le Christ mourut, non pour diviser l'humanité en deux classes hostiles et se dévorant à tour de rôle, « mais pour la nation tout entière et afin de rassembler dans l'unité les enfants de Dieu dispersés (1) ». Un cataclisme soudain pourrait amener un effet de réaction contraire : Les nations, l'humanité, mises à feu et à sang pour l'ambition d'un seul, fût-il Buonaparte. « Il faut, disait ingénuement Frère Léon, le fidèle ami de François d'Assise, *aimer tous les hommes*, même les larrons et même les riches et les grands, et ne maudire âme vivante ou créature inanimée, si ce n'est toutefois soi-même, aux instants mauvais, et aussi les démons perfides qui sont l'argent, la paresse, l'immoralité, le luxe, l'orgueil et la vaine sagesse ». Cet amour de tous les hommes surtout des travailleurs et cette haine du démon qu'est le luxe frivole et insolent, l'Etat les inscrirait enfin à son programme, si les braves gens, tous les braves gens mettaient l'intérêt de tous au-dessus de leurs mesquines ambitions personnelles. La concur-

____

(1) Jean, XI, 50.

rence et l'écrasement auraient bientôt fait place à l'entr'aide et à la solidarité.

Qui nous donnera cette volonté déterminée de vaincre
les préjugés qui cachent à nos yeux les éléments les plus
simples de la justice pour l'administration de la chose publique, pour le souci du bonheur des humbles ?

Dans le *Livre du Peuple*, Lamennais, le voyant, montre
à la société la voie du devoir actuel : « Votre tâche la
voici : elle est grande. Vous avez à former la famille universelle, à construire la cité de Dieu, à réaliser progressivement par un travail ininterrompu son œuvre dans l'humanité. Lorsque vous aimant les uns les autres comme des
frères, vous vous traiterez mutuellement en frères ; lorsque chacun, cherchant son bien dans le bien de tous,
unira sa vie à la vie de tous, prêt sans cesse à se dévouer
pour tous les membres de la commune famille ; également
prêts eux-mêmes à se dévouer pour lui, la plupart des
maux sous le poids desquels gémit la race humaine, dis-
paraîtront comme les vapeurs qui chargent l'horizon se
dissipent au lever du soleil, et ce que Dieu veut s'accom-
plira, car sa volonté est que l'amour, unissant peu à peu,
d'une manière toujours plus intime les éléments épars de
l'humanité et les organisant en un seul corps, elle soit
une comme lui-même est un ». La conception de l'Etat
que le Christ esquisse n'est pas autre : « Vous savez que
les princes des nations en sont les dominateurs, que les
grands exercent sur elles un pouvoir impérieux. Il n'en
sera pas ainsi parmi vous ; au contraire, que celui qui
voudra devenir grand parmi vous, soit votre serviteur ;
que celui qui voudra être le premier parmi vous soit votre
esclave, comme le Fils de l'homme qui n'est pas venu
pour être servi, mais pour servir et donner sa vie en rançon pour plusieurs (1) ».

C'est la justice qui élève les nations !

(1) Matth., XX, 25.

IV

Ampleur de la question du Luxe

Notre sujet est à la fois simple et complexe. Plus que tout autre, il touche aux habitudes séculaires, aux préjugés les plus invétérés : « chacun pour soi ! » Sa solution définitive englobe tout le problème de la propriété. Aussi, dans les pays à civilisation avancée, ne songe-t-on pas à édicter des lois somptuaires, ni à restreindre le luxe individuel, mais à égaliser les conditions de fortune, de façon à ôter aux grands la possibilité de dilapider la richesse nationale et à relever par là-même le niveau des classes laborieuses par la satisfaction de leurs besoins. Les moralistes, impuissants depuis dix-neuf siècles, devraient adresser leurs sermons aux législateurs et non aux particuliers, parce qu'il est dans l'ordre des choses possibles qu'un homme vertueux et éclairé ait le pouvoir de faire des lois raisonnables sur la propriété, tandis qu'il n'est pas dans la nature humaine que les riches d'un pays renoncent par vertu à se procurer à prix d'argent des jouissances de plaisir et de vanité (1). Montesquieu écrit : « Si dans un Etat, les richesses sont également partagées, il n'y aura point de luxe, car celui-ci n'est fondé que sur les commodités qu'on se donne par le travail des autres ». M. de Laveleye, à qui nous empruntons ces deux citations, rappelle encore une phrase d'Aristote assez opportune aujourd'hui : « L'inégalité est la source de toutes les révolutions. Faites que, même le pauvre, ait un petit héritage ! »

Le barème du luxe *est essentiellement relatif: a)* Il varie selon *les époques*. Depuis la rude caverne du sauvage primitif, il a suivi une courbe progressive pour en arriver aux splendeurs des boulevards de Paris et aux raffinements des milliardaires américains. Cette multiplication

(1) Voltaire.

des besoins humains, ces futilités de notre civilisation aux rouages si enchevêtrés, ne sont pas nécessairement un signe de progrès, une preuve de l'émancipation de la race. Sans doute, il est bon d'éveiller certains besoins *chez le sauvage d'Afrique*, afin qu'il apprenne à travailler pour se les procurer, mais jusqu'ici (sauf peut-être aux Etats-Unis), cet apport de bien-être n'a pas toujours été bienfaisant à l'indigène bien logé, bien nourri, bien vêtu, bien laborieux. Tout au contraire, au contact du blanc, le nègre souvent s'étiole, dégénère et disparaît.

Nous ne nous occupons ici que du luxe européen et il s'en faut, que toutes les inventions du génie moderne servent également à notre félicité : La chemise et le savon, la fourchette et la pomme de terre, les explosifs et les armes, les livres et les journaux, les moyens rapides de transport ou la sécurité des villes et combien d'autres commodités, dont nos pères se passaient ! Tout ce bagage constitue un luxe de valeur bien inégale.

b) Le luxe varie selon *la richesse dans la région*. Comparons la Norvège septentrionale à l'opulente Angleterre. Ces deux pays sont respectivement le plus pauvre et le plus riche de l'Europe. Les Norvégiens, en général, se croient riches. Leurs besoins sont satisfaits de peu. Ils agrémentent la vie par des logements salubres, des livres, des fleurs presque boréales, de la musique, de simples toilettes d'indienne, des bijoux d'argent. Ce luxe modeste s'étend à presque toutes les classes sociales, de sorte que le fossé qui les sépare est à peine visible. — En Angleterre, au contraire, chaque jour enregistre le décès de plusieurs millionnaires, dont le fils aîné se pavanera peut-être dans un luxe insolent, alors, qu'autour de lui, des millions de malheureux n'ont pas, d'après les statistiques officielles, de quoi laisser manger leurs enfants à leur faim et demeurent, de la naissance à la vieillesse, dans des « slums (1) ».

(1) *La Revue du Christianisme social* donne la statistique de M. Chiozza, sur la répartition de la richesse en Angleterre. Elle est pleinement confirmée par les chiffres produits par M. Campbell-Bannerman. L'Angleterre compterait 1.250.000 personnes riches, 3.750.000 personnes aisées et 38.000.000 de pauvres. Le nombre de *domestiques*, dans le Royaume-Uni, est à lui seul, explicatif de cette

— Voltaire pourrait encore répéter, cent vingt ans après la Révolution des droits de l'homme : « A chaque palais que je vois s'élever dans la capitale, je crois voir mettre dans des masures tout un pays ». — Déjà J.-B. Say jetait le cri d'alarme : « Des masures et des colonnades, les haillons de l'indigence mêlés aux exigences du luxe... en un mot : les plus inutiles profusions au milieu des besoins les plus urgents ! » — Au grand ébahissement de ses auditeurs, Sir Joseph Ward, le premier ministre de la Nouvelle-Zélande, s'écriait à Londres, pendant les fêtes du sacre fastueux de Georges V (1) : « Notre jeune pays lointain n'a déjà plus ni pauvres ni millionnaires » (en livres sterling). Le pauvre reçoit sa part du travail cristallisé, des richesses accumulées ; et les grosses fortunes se sont vues saignées par l'impôt progressif sur la terre ou sur le revenu. Un capital de 125.000 francs a été admis, en Nouvelle-Zélande, comme pouvant constituer l'aisance normale de chaque foyer. Les chiffres inférieurs à cette somme sont considérés comme devant former l'apanage moyen des citoyens ; les capitaux plus élevés, comme un luxe et un surplus. — Nous reviendrons sur les conséquences bénies de cette suppression du luxe. Mentionnons seulement ici, que la proportion des décès d'enfants au-

grande misère, à côté de cette grande richesse. En 1889, le nombre des domestiques privés était de 1.838.200, plus 83.400 jardiniers, alors que les travailleurs de la terre n'atteignaient pas la moitié du nombre des « sujets », et que les ouvriers dans l'industrie n'atteignaient pas le quintuple du nombre des serviteurs. Encore, parmi ceux-ci, y en a-t-il beaucoup qui s'occupent de fabriquer les colifichets de luxe. (Regnano, *L'Héritage*, p. 14).

L'Angleterre n'ayant pas adopté le Code Napoléon, il est piquant de constater l'incohérence du système des successions : Au fils aîné le père lègue toute sa fortune : Tu seras capitaliste et conservateur ; aux cadets le père donne une éducation convenable et rien de plus : Tu seras socialiste, c'est-à-dire, tu travailleras pour ta subsistance. La puissance britannique repose sur cette impulsion au travail, puisqu'elle oblige les cadets à la production pour eux-mêmes et pour la dot de leur femme.

(1) Depuis lors, la Nouvelle-Zélande a désavoué son chef parce qu'il avait rapporté d'Europe un titre de « baron ». Plusieurs fois, les Néo-Zélandais ont voulu légiférer contre les titres, mais les droits de la Couronne anglaise rendaient la mesure inconstitutionnelle.

dessous d'un an, est tombée à 10 pour 100 dans la capitale et à 7,89 0/0 à Dunedin, la grande cité du sud. Le taux général de la mortalité par mille habitants est à Auckland (sans les faubourgs) de 13,10, à Wellington de 10,66, à Christchurch, de 13,11, à Dunedin, de 12,64. En comptant les faubourgs, les chiffres sont encore plus bas. Ils sont pour ces quatre grandes cités 11,50 ; 10,29 ; 12,77 et 11,62. (New-Zealand Yearbook 1902) (1).

c) Le luxe varie *selon les races et les climats*. Au soir de son lent voyage, l'insouciant arabe décharge son chameau ; il va tranquillement boire au puits public une gorgée d'eau douteuse ; il cueille quelques fruits sauvages; il fait sa prière ; se couche drapé dans son burnou, et s'endort sans chercher d'abri. Ses besoins sont satisfaits, son ambition ne connaît pas d'autres jouissances. — Les peuples septentrionaux trouvent indispensables une infinité de choses, qui seraient objet de luxe au pays du soleil. Rencontrant un fier Australien, nous lui fîmes remarquer que tout n'était pas encore au mieux dans son El-dorado ; il se dressa devant nous : « Au moins n'avez-vous pas trouvé chez nous une habitation sans piano ou sans salle de bains ! » Il exagérait peut-être, mais le standart ol life s'est graduellement élevé dans sa race, tandis que grand'mère Europe réserve ces éléments de civilisation avancée à quelques familles privilégiées. Par contre, nous invoquons les nécessités du climat, le « génie » de la race pour multiplier les cabarets et encourager les plaisirs grossiers comme les seuls délassements qui conviennent au prolétaire.

d) Remarquons encore au sujet de la relativité du luxe, que *le désir de paraître*, — cette cause universelle du luxe — peut être aussi pleinement satisfait *dans les conditions modestes* d'une démocratie que dans les plus hautes

---

(1) Par contre, il faut déplorer que la natalité soit extrêmement faible par tout le Dominion. Nous n'avons pas, ici, à étudier ce phénomène général dans ses rapports avec le bien-être de l'ouvrier. Espérons que le jour approche où plus personne ne pourra thésauriser en faveur d'un enfant unique et où l'État encouragera le surplus de la population des villes à émigrer vers les terres fertiles encore privées de travailleurs.

situations aristocratiques — et cela, ici et là, — par le gaspillage effréné. La supériorité *relative* est la même : le désir de paraître deux fois plus riche qu'un autre se trouve tout aussi bien réalisé, si la proportion est de cinq à dix, que si elle est de cinquante à cent. Un objet de $100 + 50 = 150$ et un objet de $10 + 5$ satisfont la même ambition de supériorité.

e) L'école hédoniste a prouvé que plus le luxe s'accroît plus *la jouissance qui en découle va en décroissant*. A mesure que le revenu se gonfle, la satisfaction personnelle suit une courbe descendante, tandis que la déperdition de travail augmente mathématiquement (1). Nous appelons « blasées » les personnes dont la félicité ne s'accroît plus du tout par le fait des superfluités de leur luxe. Tant il est vrai que la nature a fait sensiblement, les mêmes pour tous, nos besoins et nos capacités de consommation. Il en est autrement pour les jouissances spirituelles et esthétiques : Celles-ci sont infinies : la sublime extase d'un chrétien comme Paul, va croissant, à mesure qu'il pénètre plus avant le mystère de l'Idéal divin ; l'artiste connaît des enivrements que des chiffres alignés ne peuvent exprimer ; le savant qui découvre une Loi de l'univers sent en lui le surhomme. Enfin, tandis que les joies du gaspillage exagéré ne laissent qu'une traînée de souffrances et de larmes pour autrui, le luxe spirituel, esthétique, scientifique fera tressaillir les générations futures devant le trésor acquis pour toujours.

> *O cives, cives, quærenda pecunia primum est*
> *Virtus, post nummos.*   (Horace).

f) La question du luxe varie selon qu'on l'envisage au point de vue *individuel,* ou au point de vue *social,* collectif, national. Nous disons : national ; nous devrions dire

---

(1) Nous demandâmes un jour au « chef » d'un des grands cafés de nuit de Paris à quel chiffre pouvait atteindre le maximum de jouissances d'un convive du Prince de Galles, du Roi Milan ou du Roi Léopold. Sa réponse fut : On peut gonfler l'addition d'un souper, mais personne ne peut manger et boire pour plus de douze cents francs entre le rideau du spectacle et le lever du soleil.

universel, humanitaire. Le cœur du chrétien social ou du philanthrope ne connaît plus de frontières et les peuples sont de plus en plus interdépendants et solidaires. Comme pour le Pacifisme et la haute finance, la reforme sociale (qu'elle soit morale ou économique) n'est possible que si elle est soutenue par l'ensemble des nations. Comment donner aux travailleurs de courtes journées, des pensions et des assurances, là où la production nationale est menacée par la concurrence ? La Nouvelle-Zélande a recours à un expédient pour parer à la difficulté : Elle établit des droits différentiels qui correspondent aux renchérissements des produits par les lois sociales : Une paire de chaussures, livrée par l'Allemagne ou l'Amérique à 16 francs, mais coûtant 20 francs à Wellington, payera 4 francs d'entrée en douane. Malgré cela, les contrées d'avant-garde souffrent dans leur expansion par le voisinage des pays à bas salaires et à longues journées. Il est aussi difficile de créer une oasis socialiste aujourd'hui, qu'il le serait pour un pays isolé de désarmer en face de peuples menaçant leur indépendance.

Le public, jusqu'ici, n'envisageait la question du luxe que par son côté individuel et facultatif. L'enquête publiée sur le sujet par « l'Essor » — auquel nous faisons de nombreux emprunts, — nous a montré que les plus consciencieux parmi les chrétiens se préoccupent presqu'exclusivement du luxe personnel et familial et se buttent à l'impossibilité, comme à l'inutilité de sa solution. L'agent de la force publique qui rencontre, la nuit, un individu portant un bronze d'art, le lui enlève si le précieux objet n'est pas sa propriété ; mais si le noctambule peut justifier de la légitimité de sa possession, il lui est loisible d'en faire ce que bon lui semble. Le citoyen qui crée un produit, qui possède un objet auquel n'est attaché aucun travail d'autrui, laissons lui en la jouissance pleine et entière. Mais si, au contraire, sa fortune fut prélevée sur les sueurs d'autrui, ce n'est pas l'emploi de ces biens qu'il faut restreindre, c'est leur possession qu'il faut rendre impossible, car l'homme de proie sera toujours aussi l'homme de joie, et s'il ne l'est pas, ses descendants le seront infailliblement.

V

Restrictions au Luxe

Les lois somptuaires de l'antiquité avaient pour but de conserver la pureté des mœurs primitives, de combattre la mollesse et même d'empêcher toute atteinte par le luxe à l'égalité des citoyens de la république. L'intention était certainement louable, mais l'application de la loi était épineuse. Son étude nous montre combien il est difficile de restreindre le luxe privé, si la fortune est illimitée. Passons de suite d'Athènes, où la loi fixait jusqu'au nombre des convives dans les festins, à la *Rome classique :* la loi règle les funérailles : point de pleureuses ni de couronnes... La loi Oppia, portée en 215 avant J.-C., interdit aux femmes de porter des vêtements de plusieurs couleurs, de circuler en voiture ou en palanquin par la ville, sauf pour se rendre au temple ; de posséder plus d'une demi once d'or en bijoux... Malgré les objurgations de Caton, ces restrictions au luxe furent bientôt abolies. Plus sérieuse, la loi Licinia, édictée 376 ans avant J.-C., s'attaquait à la propriété territoriale usurpée sur le domaine public. On la restreignit à 500 arpents et le reste devait être distribué entre les indigents. La loi Julia s'attaquait aux célibataires égoïstes et restreignit les successions... La loi Orchia limitait les dépenses de la table et s'efforçait de mettre un frein aux prodigalités des grands.

Les lois somptuaires du *moyen-âge* chrétien nous étonnent, si nous les comparons aux précédentes. Les disciples du Charpentier, au lieu de niveler les classes sociales, légiférèrent pour accentuer le luxe des prélats et des nobles; pour empêcher les manants riches de distancer par leur parure les privilégiés de l'ordre sacerdotal ou de la naissance. Ces lois sont déjà l'œuvre des grands, décidés à imposer par leur mise leur prééminence sur les petits. L'usage des vêtements de soie fut souvent l'apanage des princes de l'Eglise, des évêques successeurs des pêcheurs du lac de Génésareth. Les étoffes d'or et d'argent étaient réservées à certains titrés de marque. Les princes et princesses laïques ne bénéficièrent en France, qu'en 1553, de l'honneur du vêtement rouge en soie ou en laine. Les lois somptuaires introduites un peu partout avec *la Réformation* avaient surtout en vue le salut personnel du riche. Le côté social était laissé de côté. Münzer cependant, le fameux anabaptiste allemand, s'attaqua fièrement à la source du mal : « L'évangile dit que nous sommes tous frères. D'où vient donc cette différence de rangs et de biens dans la société ? Cette différence, c'est la tyrannie qui l'a introduite entre nous, peuple, et les grands. N'avons-nous pas droit à l'égalité de biens ? La terre est un héritage commun dont nous devrions avoir notre part qu'on nous a enlevée. Quand donc avons-nous cédé notre part de l'héritage paternel de Dieu ? N'a-t-on pas vu les apôtres n'avoir égard qu'aux *besoins* de chaque fidèle dans la répartition des richesses que l'on déposait à leurs pieds ? » Münzer, en citant l'évangile, avait le tort de devancer son temps. Battu à Frankenhausen, il fut exécuté par les princes électeurs avec vingt quatre de ses amis. — Les innombrables communautés communistes qui surgirent de la Réforme ne furent pas prospères et périrent soit par les dissentions, soit par la conquête. Les communistes chassés de Zurich se réfugièrent à Zolicorn. Ils pensaient : « Toute église, où la communauté de biens n'est pas établie entre les fidèles, est une assemblée de chrétiens imparfaits. Ils se sont écartés de cette Loi d'amour, qui faisait l'âme du christianisme à sa naissance ». Hutter fonda de nombreuses oasis communistes en Moravie. La première règle de leurs constitutions était : « Point d'oisifs parmi les frères ! » Le travail et les repas avaient lieu en commun et en silence. Tous les vices étaient bannis. Le communisme n'eut de succès que dans les congrégations religieuses. Les Réductions du Paraguay ne se maintinrent que par la contrainte et la suppression de toute initiative individuelle. — *Les puritains* s'efforcèrent de barrer la route au luxe individuel, mais ces restrictions étaient tracassières, parfois puériles. Sans poser la question de justice en face de la misère du pauvre, elles froissaient la liberté des possédants et amenèrent souvent des troubles dans les républiques chrétiennes. Il eut été bien plus simple de s'attacher à niveler les fortunes comme le font les démocraties modernes, comme le rêvent tous les socialistes, sans s'occuper de fixer par le menu l'usage que chacun ferait de son superflu.

Les grandes richesses créent par elles-mêmes à leurs possesseurs des dépenses obligatoires : Richesse oblige est encore plus impérieux que noblesse oblige. Toute famille riche se considère comme *obligée* par le fait même de sa richesse et grâce aux préjugés sociaux en usage, à dépenser une certaine partie de ses revenus pour le luxe, même si cet excédent de dépense, qu'autrement elle ne ferait pas, ne satisfait aucun besoin vraiment senti. Une fois les fortunes limitées, cette mentalité étrange fera place à des conceptions plus libérales.

Nous ne pouvons considérer comme lois somptuaires les ordres de *la Convention* sur le costume à imposer à tous les citoyens français de Brest à Toulon. Le décret du 25 floréal an II confie à David le soin de composer ce costume ; à Vivant-Denon, la gravure des esquisses ; à des tailleurs en renom, l'exécution des modèles. Seulement, le costume du représentant du Peuple aux armées de Sans-Culotte coûtait 1.200 livres, les habits d'intérieur et de ville de chaque citoyen, au moins 600 livres. La tunique, les pantalons ou plutôt les chausses à pied, les brodequins, le bonnet rond à aigrette, l'ample ceinture et le manteau flottant, ne devaient guère répondre au programme spartiate de Robespierre et de Saint-Just (1).

Nous sommes convaincus de la nécessité de traiter la question *par son côté social*, sans permettre à la loi de s'ingérer dans le luxe privé de chaque famille. Il s'agit de fixer de prime abord, dans chaque pays, le quotient naturel des biens de la terre, du travail cristallisé et disponible, comme celui des bénéfices de la production courante. Ce n'est qu'après avoir pesé le bien de tous, que l'on peut adjuger à chaque citoyen la part relative de

(1) Voir Aulard, *La Révol. franç.*

confort qui lui revient dans la masse et dont il fera ce que bon lui semblera. Collectivisme veut dire *mise en commun* et non partage de la terre en lots d'égale valeur. Le grand fait économique est précisément la production en commun par la machine. Le citoyen n'aurait que faire d'une part de locomotive ou d'un kilomètre de la voie ferrée. Mais pour les biens d'usage et de jouissance familiale, la société s'efforcera de laisser à chacun la plus complète indépendance.

Si l'on considère l'humanité ou la nation-famille comme *un seul homme* obligé de satisfaire à ses besoins par son labeur, on voit clairement que c'est folie d'employer un temps précieux à se tailler des diamants, avant de considérer que cette humanité marche encore souvent pieds nus. Les citoyens ne disposent que d'un nombre limité d'heures par jour, s'ils en consacrent la meilleure partie à fabriquer des futilités, il est inévitable que la moitié de la population manquera du nécessaire. Or, tant au point de vue chrétien qu'au point de vue simplement humain, c'est comme *un tout* homogène qu'une nation doit être envisagée. « Tous les citoyens sont égaux devant la loi ! »

VI

Définition du Luxe

De cet axiome fondamental découle la définition suivante du mauvais luxe : *Toute puissance matérielle, intellectuelle, esthétique ou morale, mise à la portée des uns, mais dont d'autres membres de la société sont privés, par le fait de leur naissance ou de l'inégalité des fortunes* (1). — M. Charles Gide donne du luxe une définition juste et brève. Elle ne s'applique pas seulement à la société, mais aux cas individuels de chacun de nous. *Le luxe est toute*

(1) Voir *L'Essor*, 4 mars 1911.

répartition irrationnelle entre nos ressources et nos be-
soins (1.).

Ces définitions se complètent : Dans une question aussi complexe, il n'est peut-être pas mauvais d'envisager les choses sous des angles divers. La définition du savant professeur d'Economie sociale à Paris nous paraît à la fois la plus simple et la plus large.

(1) Voici une troisième définition plutôt négative : *La production et la détention de biens qui sont inutiles ou nuisibles au développement physique, intellectuel, esthétique et moral de l'individu et de la nation.* Ceci touche plutôt à la qualité du superflu. M. de Laveleye : *Est luxe tout ce qui est en même temps cher et superflu.* M. Baudrillart voit le luxe surtout dans le superflu. M. de Laveleye est plutôt de l'avis de J.-B. Say, qui le voit dans ce qui est *cher.* Les Japonais s'entourent de mille petits objets inutiles ; leurs éventails de papier ne sont pas indispensables ; mais ces objets coûtent si peu de travail et de matière première que la satisfaction qu'ils procurent vaut ce petit sacrifice de la production.

DEUXIÈME PARTIE

—

Notions sociales du Luxe

———

I

Le Budget public

Nous l'avons constaté, les ressources d'un pays, comme forces productrices, sont essentiellement limitées. Comment se fera dans une société bien ordonnée, la distribution du travail et des biens existants ? Il y a dans tout budget un ordre, *une hiérarchie des besoins* à observer, de façon à servir d'abord les besoins essentiels de la population. On ne sert pas habituellement le dessert avant le repas. L'absence de logique dans nos budgets inspire à M. de Laveleye la boutade suivante : « Si Dieu jetait un regard sur notre terre et s'il voyait des millions d'hommes occupés à confectionner des choses inutiles comme des bijoux et des dentelles, ou des choses nuisibles comme l'opium et les spiritueux ; et, à côté d'eux, des millions d'autres hommes, dans un dénuement extrême, il dirait certainement : Que cette race est sotte, puérile et barbare ! Elle passe son temps à se fabriquer des colifichets et elle n'a pas de quoi se nourrir et se vêtir ». Aux yeux du sociologue, la question du luxe ne consiste donc nullement dans les retranchements individuels en vue du détachement (qui a son importance), en vue de la charité-aumône ou des œuvres pies, mais dans la solidarité entre les citoyens, dont les uns jusqu'ici gaspillaient le travail tandis que les autres manquaient du nécessaire. — Le petit héritier des Van der Bilt arrive en Europe : Il trouve dans ses bagages pour 125.000 francs de jouets assurés contre la perte, le bris ou le vol. Cet enfant verra autour de lui des millions d'autres enfants privés de tout plaisir et se vautrant dans le ruisseau des « courées ». Il n'aura pas la moindre notion de la solidarité humaine ; le protestantisme traditionnel, mystique et égoïste lui suffira. Et cependant, il est appelé à régner un jour sur un empire plus puissant que celui des rois, l'empire de l'or, l'empire de l'industrie. Il possédera le droit de vie et de mort sur tous les salariés dont il détiendra les instruments de travail. — Les enfants du duc de Marlborough trouvent chacun dans leur berceau un chèque de 25.000.000 de francs, auquel s'ajoutera l'héritage familial. Jamais ces enfants ne se douteront des réductions de salaires que coûtèrent à leurs « semblables » de pareils capitaux. Jamais ils ne se demanderont si cet argent correspond à *leur* production ou à *leurs* besoins. La peine de naître comme les nobles de Beaumarchais ne constitue cependant pas un titre suffisant pour un pareil salaire, et ils ne sauraient que faire, des kilomètres de langes, des grosses de biberons et des hectolitres de lait qui constituent la contre-valeur de leur apanage. Mais, si le petit Van der Bilt a trop de jouets, si les petits Marlborough ont trop de biberons, d'autres enfants en sont dépourvus. Si ces héritiers de milliardaires apprennent à mépriser les frères de leur race, à les voir souffrir sans être émus de compassion, d'autre part les millions de petits pauvres rêveront de vengeance comme de justice et prépareront la Révolution sociale. *Rien que dans leurs jouets, que de pain pour les miens.* L'Eglise, héritière nominale du Christ, ne croit pas devoir prononcer le mot *solidarité*, la société lui imposera celui de *Fraternité*.

M. Ch. Gide développe la même pensée : Il faut toujours avoir à l'esprit ce double fait, que la quantité des richesses existantes est insuffisante présentement, même pour satisfaire aux besoins élémentaires de la grande majorité de nos semblables et que les forces productives qui alimentent et renouvellent ce réservoir de richesses, terre, travail et capital, sont toutes limitées en quantité. »

La société capitaliste, en partie basée sur les droits de la naissance, la concurrence et la spéculation, n'a en vue que la satisfaction, d'ailleurs très inégale, des besoins d'une classe. Elle regarde d'un œil indifférent ou approbateur le gaspillage des forces vives de la nature en palais et châteaux, valetaille ou écuries, modes et chiffons, truffes et boissons, etc., et cependant, à toutes les réformes proposées, on objecte l'éternel refrain : *Nous ne sommes pas assez riches* pour construire des habitations ouvrières, pour aider les familles nombreuses de l'autre classe, pour avoir des jardins publics ou privés et des plaines de jeu avec des exercices sains et bienfaisants. Impossible de donner des draps et des couvertures, du pain et des denrées à la population. Les enfants des cordonniers ne peuvent avoir de chaussures pour aller à l'école, parce qu'il y en a... trop dans les magasins et que le travail ne va pas. Que dire de l'instruction intégrale, de l'éducation hygiénique et morale de la jeunesse ! que dire de l'outillage national qui, perfectionné, permettrait de réduire au minimum la souffrance de nos frères et des enfants (*viande à feu*) travaillant la nuit dans les enfers de la verrerie ! Montalembert s'écrie : « Souvent je me suis dit : si un tyran, un conquérant étranger s'était emparé de la France et s'il nous eut tenu ce langage : Dès qu'ils seront en état de se tenir sur leurs jambes, des milliers de vos enfants vous seront enlevés, seront introduits dans des établissements où leur organisation physique sera dégradée, affaiblie d'année en année, où au lieu de connaître les jouissances de la gaieté, la liberté de leur âge, ils seront initiés à tout ce qu'il y a de déplorable dans la dépravation humaine, où ils seront moralement abrutis d'abord, puis intellectuellement hébétés, pour être ensuite physiquement énervés..., où vos jeunes filles perdront leur innocence avant même d'être nubiles : si un tyran, dis-je, en agissait ainsi avec la France, il n'y aurait pas assez de haines et d'injures à déverser sur sa tête. Eh bien, le joug de l'industrie est celui-là, Messieurs. Ce n'est pas sa volonté, je le sais, mais voilà ses résultats... Sur l'extrême faiblesse pèse l'extrême oppression (1)... »

« Quel est le vrai sort de l'enfance ? Ouvrez les yeux et voyez : les parents et les maîtres demandent à ces jeunes plantes de porter des fruits dans la saison des fleurs ; par des fatigues excessives et trop prolongées, ils épuisent leur sève naissante, peu en peine s'ils végètent et dépérissent sur une tige chancelante et desséchée. Pauvres petits enfants ! que les lois se hâtent d'étendre leur protection sur votre existence, et que la postérité lise avec étonnement sur le front de ce siècle, si content de lui-même : en ces jours de progrès et de découvertes, il fallut une loi de fer pour défendre de tuer les enfants par le travail (2) ».

Les trop longues heures de travail à elles seules prouvent la disette de main-d'œuvre vraiment utilisée comme la stagnation qui suit le surmenage démontre l'absurdité de la production en vue du profit. Les trésors de génie qui demeurent en friche (3), les inventeurs enserrés dans l'impuissance faute de développements et d'encouragements sociaux, voilà ce que l'on est convenu d'appeler *l'ordre* social, la sagesse des dirigeants, l'harmonie du budget public !

« La question de la légitimité du luxe ne sera pas placée sur la conscience du riche ; la résignation doit demeurer la vertu du pauvre ; la vie future fera justice pour tous des iniquités de celle-ci ! » A ces axiomes vieillis, *les anarchistes* répondent en chantant comme de modernes prophètes, le paradis de l'utopie, un pays de cocagne où des fées bienveillantes remplaceront les gendarmes, répandant l'abondance de tous les biens convoités. Ils oublient, peut-être, que le peuple souffrit autant des affres de la faim sous le gouvernement de la Terreur rouge,

____

(1) Discours à la Chambre des Pairs, de mars 1840.

(2) Lettre pastorale du card. de Croï, 1838. Citée par l'abbé Ch. Calippe, *Les tendances sociales des catholiques libéraux*, p. 22.

(3) La profession dramatique est peut-être la seule qui mette en valeur le génie des enfants du peuple. Si elle se recrute surtout parmi eux c'est à cause des dangers moraux qu'elle présente et qui empêchent les parents riches d'y consacrer leur progéniture.

que pendant les guerres fratricides de la bourgeoisie (1),
La répartition des fruits de l'Eden, de la manne d'Israël,
l'harmonie des rapports humains ne seront réalisables que
dans une humanité lentement régénérée par des lois
équitables et une atmosphère de solidarité morale qu'un
socialisme scientifique et un christianisme social peuvent
seuls infuser dans le cœur du peuple-roi. *Quid leges sine
moribus ?* — Faut-il rappeler les paroles des socialistes
clairvoyants, des Van der Velde, les Anton Menger et
d'autres ? Citons l'un des passages de Jaurès : « Je crois
qu'il serait mortel de comprimer les aspirations religieuses
de la conscience humaine. Je ne crois pas du tout que la
vie sociale suffise à l'homme ; nous voulons qu'il puisse
s'élever à une conception religieuse de la vie, par la science, la raison et la liberté. L'heure est venue pour la démocratie, non pas de railler ou d'outrager les anciennes
croyances, mais de chercher ce qu'elles contiennent de
vrai et qui peut rester dans la conscience humaine affranchie et agrandie (2) ».

Quæsivit cœlo lucem ingemuitque reperta.

La partie morale du programme de rénovation sociale
dépasse donc le cadre des lois. Aucun budget, si juste
soit-il, si parfaits que soient les législateurs qui l'élaborent,
ne peut rendre les hommes bons, laborieux, désintéressés.
Le budget moral d'un peuple a donc son importance comme l'autre. Le renouvellement des cœurs a besoin d'un
autre Moteur qui l'alimente sans cesse et renouvelle sa
puissance. C'est donc avec joie que nous saluons l'entrée
dans la lice du socialisme chrétien. Il est à bonne école,

---

(1) La Convention cependant n'était pas socialiste quoiqu'elle se
composât surtout de manants. Elle maintenait l'ouvrier dans un
état d'infériorité déprimante. Le décret du 23 nivôse an II interdit
la coalition entre les ouvriers... pour provoquer la cessation du
travail dans les ateliers, et les autres libertés prolétariennes. Les
sans-culotte coupaient les têtes trop hautes des Girondins, mais
ils n'étaient pas plus disposés que les conservateurs à relever le
niveau des humbles.

(2) *Action socialiste*, cité par *L'Espoir du monde*.

puisque son chef était « le Juste », que sa tactique le pousse autant au respect des plus humbles qu'à la haine du mal ; que pour lui, s'il faut une guerre de classes, c'est pour supprimer les classes et engendrer l'amour universel sous la conduite du Prince de la Paix, de la grande Paix, telle que le monde ne l'a point vue encore, enferré qu'il est dans les convoitises du luxe.

L'expérience prouve, même en Nouvelle-Zélande, que si le changement de milieu peut beaucoup pour le renouvellement du peuple, la révolution n'est complète que là où *le sacrifice de soi* est compris par la masse. La vie facile à tous, amollit et ralentit l'ardeur au travail. Il y a une tendance à dégénérer dans les races trop heureuses où la lutte pour la vie est devenue moins âpre. Ce n'est pas toujours dans le cadre des ruelles infectes, c'est dans les Paradis terrestres que se peut développer le virus de l'égoïsme et du mal. Heureusement Dieu a été sage, en ne faisant pas de la Nature une fée encourageant le désœuvrement. Il en a fait une marchande, avare de ses produits. Une personne avisée exige d'être payée en travail (et non en plaisirs), avant d'ouvrir la main. C'est rendre un mauvais service au peuple si on ne lui parle que de ses droits et si on supprime tous les devoirs. Droits et devoirs se confondent pour le chrétien social, puisque la limite des devoirs de Pierre forme celle des droits de Paul et *vice-versa* dans la grande solidarité humaine, dont la famille est la cellule morale. Ce serait tromper le prolétariat que de lui servir le mirage d'une vie oisive après l'expropriation des riches. M. Alph. de Rothschild avait presque raison de dire, que la part de chaque être humain dans sa fortune serait infinitésimale, si le partage avait lieu : Voici deux francs, c'est ce qui te revient de mon milliard. A côté du budget économique, nous plaçons donc le budget moral de l'humanité. Le premier endiguera le luxe malsain, le second développera le luxe de la solidarité dans le bien.

II

Une répartition plus équitable s'impose

Bien des conclusions découlent des principes exposés ici : Le gaspillage économique des privilégiés est *coupable :* Si l'Eglise l'absout, le vingtième siècle en fera un crime de lèse-humanité. Il prive des millions d'êtres, nos frères, du nécessaire à une vie pleinement humaine et de leur part de sécurité pour le lendemain, du bonheur permanent auxquels ils ont droit sous un gouvernement de justice. Plus funeste encore est la prodigalité envers une classe, au point de vue *moral.* Elle avive les jalousies et les justes rancunes, elle éveille dans les cœurs la soif de l'or pour les plaisirs qu'il procure, elle provoque par l'exemple d'en haut le besoin de briller au-dessus du prochain ; elle prépare une ruée sauvage de ceux qui n'ont pas assez et travaillent trop, à l'assaut de ceux qui ont trop et ne travaillent pas assez.

Il en serait autrement si le budget national, équitablement réparti, veillait à la satisfaction des besoins urgents des uns, avant de procéder à la répartition du superflu aux citoyens en vue. Aussi longtemps que la majorité des travailleurs, des pauvres que le Christ a identifiés à sa personne, ne jouiront pas de la liberté réelle, qu'ils n'auront pas les moyens d'élever dignement leurs enfants, qu'ils habiteront des bouges où la mortalité infantile est souvent effrayante ; aussi longtemps que la population souffrira des affres du « Sweating system » et n'aura pas le loisir nécessaire pour relever la tête et s'occuper de l'âme, de l'intelligence, de la famille, du syndicat professionnel, des intérêts généraux de la patrie et de l'humanité... aussi longtemps, disons-nous, que l'Etat, l'Eglise et la bourgeoisie n'assureront pas, comme en Nouvelle-Zélande, à tous les hommes de bonne volonté, *le droit à la vie et au travail,* la plèbe consciente répétera : la propriété, c'est le vol de la richesse et des forces de tous. Déjà le Père Gratry écrivait : « L'art de prendre, a fait les mêmes progrès que l'art d'exterminer les hommes. On a des armes aussi terribles pour spolier que pour tuer. Mais voici surtout le progrès, c'est que si l'organisation savante du pillage des petits par les grands est arrivée à sa perfection, le temps vient où la multitude des petits apprendra l'art de se défendre (1) ». Mais le droit au travail implique le devoir du travail ; or, M. Ch. Gide remarque fort judicieusement : « Il ne m'est pas bien démontré que l'Etat ait le droit d'employer les moyens coercitifs pour faire travailler un vagabond plutôt qu'un rentier, ni qu'il ait le droit d'enfermer celui-là dans une maison de travail forcé, alors qu'il laisse celui-ci se promener au Bois ou à Monaco (2) ». Nous nous retrouvons ainsi toujours devant la question préalable au nivellement du luxe : *la propriété*, c'est-à-dire la révolution dans le bon sens du mot, par la socialisation des moyens de production et d'échanges.

III

Encouragement à l'activité personnelle

Dans la possession des biens, il y a lieu de tenir compte de *l'origine de la richesse*. Celle-ci n'est pleinement justifiée que si elle est le fruit du travail (intellectuel ou manuel), et si elle satisfait des besoins réels. Une nation sage et juste ferait le départ entre : *a)* les *biens de production personnelle* et ceux que le hasard ou la chance confient au citoyen. Les biens seront d'autant plus personnels que leur créateur les aura produits sans trop de dépense de matière première ou de travail d'autrui. La propriété littéraire ou musicale n'est garantie à ses créateurs que pour un certain

(1) Gratry, *La morale et la loi de l'Histoire*, t. I, chap. vi.
(2) Gide, *Les Sans-Travail*, p. 1. — Pour la distribution du travail, l'Etat-patron doit naturellement disposer d'une foule d'industries, comme en Nouvelle-Zélande.

nombre d'années ou de générations, alors qu'elle constitue
la possession la plus légitime qu'il y ait. Le législateur s'est
rendu compte, que même les créateurs les plus géniaux,
ont beaucoup reçu de leur milieu et de leurs prédécesseurs, que leurs créations doivent un jour rentrer dans le
patrimoine de tous, afin que leurs descendants se remettent
au travail à leur tour. Si Edison ou tels autres inventeurs
célèbres eussent été, dès l'enfance, enfermés loin du monde
dans une séquestration complète, jamais, ces génies
n'eussent pu, sans le choc des idées, sans les trouvailles
de leurs prédécesseurs, arriver à conquérir sur la nature,
les trésors qui portent leurs noms. Si le brevet d'un inven-
teur est toujours entaché de plagiat, pourquoi la propriété
industrielle ou terrienne faite des sueurs d'autrui serait-
elle plus sacrée (1) ? Pourquoi les arrière petits-fils des
premiers producteurs seraient-ils éternellement livrés à la
fainéantise ? — b) *Les biens hérités*, créés par les ancêtres,
ou les biens dérivés de coupons que l'on *prélève sur les
salaires des ouvriers actuels*. Que ce soit par des impôts
progressifs, par le rachat ou l'expropriation, les Etats démocratiques s'efforcent de les faire rentrer dans le domaine public, afin de briser avec la concentration des
richesses, le désir de les dilapider par le luxe. L'île de
Manattan, aux Etats-Unis, a coûté à ses propriétaires quelques aunes de calicot et quelques onces de verroteries,
valant une vingtaine de francs. Aujourd'hui, par le travail
du peuple et l'accroissement de la richesse nationale, cette
terre vaut 3.000.000.000 de dollars. Le rachat ou l'expropriation à l'amiable en serait malaisé dans une contrée où
la bourgeoisie est réfractaire à tout sentiment de solidarité. Seuls les impôts peuvent faire rendre gorge aux
individus enrichis par la société. En Angleterre, des

(1) Saint Paul dit admirablement : « Cessez de vous enorgueillir
en faveur de l'un aux dépens de l'autre. Qui donc t'accorde un privilège ? *Que possèdes-tu que tu n'aies reçu?* Si tu as tout reçu, pourquoi te vanter comme si tu n'avais pas tout reçu ? (I ; Cor. IV). Il se
rappelait peut-être la parole du Christ : « Quand vous avez fait tout
ce qui vous a été ordonné, dites: Nous sommes encore des serviteurs
inutiles, nous n'avons fait que ce que nous devions faire. » (Luc,
XVII; 10.)

millions d'arpents sont laissés incultes et leur nombre s'accroît à mesure que les domaines s'arrondissent, que les villageois sont évincés pour faire place aux renards et aux cerfs du grand seigneur. Si l'employé des finances se présente pour toucher des contributions, on lui répond que les terres sont stériles et sans rendement. Si le maire se présente à son tour afin de racheter la propriété en vue de la création d'un cimetière, d'un hôpital, d'une plaine de jeux, ou pour la morceler en vue d'habitations ouvrières exigées par la commission sanitaire, on lui objecte que la terre représente une valeur considérable, une valeur qui, automatiquement augmente chaque année avec la population, sans aucune dépense du possesseur. Celui-ci peut s'adresser sans crainte aux tribunaux : ils décideront toujours en sa faveur contre la nation et les besoins du peuple (1). L'impôt progressif peut seul fournir à la société les moyens de rentrer dans son bien et de restreindre le luxe du Lord dont le chancelier de l'Echiquier disait naguère : Il coûte plus cher à entretenir que deux Dreadmoughts, il est plus menaçant et surtout, il dure davantage.

L'Etat Néo-Zélandais corse l'impôt progressif d'une surcharge considérable, si les propriétaires n'exploitent pas eux-mêmes (absentéistes) ou s'ils laissent en friche des terres fertiles. Il les décharge, au contraire, s'ils travaillent eux-mêmes et s'ils font des améliorations qui profiteront à tous dans l'avenir (défrichements, constructions, routes, etc.). Telle propriété qui ne nourrissait naguère que 60 personnes, abrite aujourd'hui deux mille citoyens heureux ; les jeunes gens peuvent fonder des familles régulières et le « cry for land » ne retentit plus autour des déserts de grands domaines. Les conséquences morales de ces mesures énergiques sont inappréciables, aussi regrettons-nous que l'Eglise ne voie pas les dangers pour l'âme

---

(1) En 1909, l'Angleterre décréta par voie budgétaire qu'à chaque revente des terres un cinquième de la plus-value, due à la collectivité, reviendrait à l'État. Les Lords s'empressèrent de rejeter ce budget qui impliquait une évaluation de leurs biens. Il fut néanmoins adopté dans la suite.

comme pour le corps d'une surpopulation dans les villes tentaculaires et les taudis malsains.

*O fortunatos nimium sua si bona norint
Agricolas...*

Hélas, la Papauté, le saint Synode ou les églises évangéliques ne comprennent pas encore, que la grande richesse produit le grand luxe malsain pour les uns et la grande dégradation pour les autres. — C'est pourtant peu apprécier l'évangile que de s'incliner devant les dorures des châteaux et de détourner la tête des haillons du grelotteux, gisant, meurtri, volé, exploité, sur le chemin de la vie présente. « Les pharisiens entendaient bien les paroles de Jésus, mais, comme ils aimaient l'argent, ils tournaient Jésus en dérision ». Puisse le néo-christianisme, le christianisme social, crier courageusement sur les toits : Il est plus difficile à un riche d'entrer dans la vie, qu'à un chameau de passer par le trou de la poterne. — Aucun serviteur ne peut servir ni deux maîtres (ni deux classes) ; ou bien, il s'attachera à l'un ou bien il méprisera l'autre... — Vous ne pouvez servir à la fois Dieu (dans l'humanité, sa famille) et Mammon. Le lecteur chrétien se rappellera que ce ne fut pas la neutralité que l'Eternel conseilla à Moïse devant le travail exténuant auquel étaient soumis ses frères de l'autre classe. Il se souviendra des lois mosaïques contre la concentration capitaliste, par les partages renouvelés tous les cinquante ans. Le lecteur de la Bible s'arrêtera aux malédictions violentes, révolutionnaires s'il en fût, des prophètes d'Israël, contre tous ceux qui bâtissent maison sur maison, qui meublent celles-ci avec luxe, qui amassent champ sur champ jusqu'à ce qu'il n'y ait plus de place pour les autres... Tous doivent convenir qu'il n'y a pas une ligne dans le Nouveau-Testament, le code chrétien, en faveur du capitalisme. Par contre, à chaque pas, le Christ, par son exemple comme par sa parole, avertit la société des périls qu'entraîne pour tous l'accumulation des richesses et les privilèges des grands. — Qu'on songe au moins au seul critère du juge suprême lorsqu'il partage l'humanité en deux classes : Les bons à droite, les mauvais à gauche : « Tout ce que vous avez fait au moindre de vos semblables, c'est à moi que vous l'avez fait. Tout ce que vous n'avez pas fait... c'est à moi que vous l'avez refusé. » (Matthieu XXV.) — Qu'on se souvienne du sort du Riche en présence de Lazare, reçu dans le sein du Père ! Et cependant ces anathèmes sanglants contre le luxe demeurent lettre-morte dans le monde inféodé aux injustices traditionnelles. Quoi, l'Eglise catholique considère la lecture de ces documents comme funeste et dangereuse. Elle condamne de sa main pesante et frappe sur la bouche les Sillonistes et les Chrétiens Sociaux. Le Saint Synode excommunie Tolstoï. Presque partout le protestantisme est l'appui de la réaction. Seules, quelques églises évangéliques comme les Quakers se sont souvenues que le Christ demandait moins les dogmes ou les jeûnes, que la justice et la bonté ! « Celui qui s'adonne à la Justice lui est agréable. » (Actes : X ; 35) — « Heureux ceux qui ont faim et soif de la Justice, ceux qui seront persécutés pour la Justice — et vous négligez la Justice, la bonté, la bonne foi, voilà ce qu'il y a de plus grave ! Guides aveugles, qui retenez au filtre le moucheron et qui avalez le chameau ! Que votre Justice luise devant les hommes, afin qu'ils rendent gloire à votre Père ! »

C'est *une œuvre chrétienne* qu'accomplit la démocratie laïque de l'Australasie en luttant vigoureusement depuis 1891 contre le luxe et l'exploitation de l'homme par l'homme. C'est *une œuvre chrétienne* que poursuivrait le socialisme catastrophique, s'il n'était entraîné comme les Jésuites à justifier les moyens employés, par la fin sublime qu'il se propose ; s'il n'empruntait ses armes à la société dirigeante pour qui la force des armes et de l'or prime le droit et la justice. Mais, qu'il est difficile de ne pas répondre au sabotage d'en haut par le sabotage d'en bas ! Hélas, en Europe, les efforts des réformistes semblent ne jamais aboutir. Souvent sur mer nous pensâmes : L'hélice du navire creuse les grandes eaux amères qui l'enveloppent, sans trouver d'issue pour échapper à l'élément qui résiste. Nuit et jour, elle fore comme dans un bois aussi épais que la planète, mais la masse liquide, impassible, garde son niveau. Quel symbole des efforts de notre prolétariat impuissant ! Sans cesse il recommence les mêmes expériences décevantes, sans cesse il se retrouve immergé dans le grincement stérile de son travail ingrat. Une vague de tempête le soulève un instant, hors de ses éternelles ténèbres vers un peu de lumière ; la résistance semble brisée, mais après un moment de folie révolutionnaire, le peuple retombe dans les mêmes profondeurs. Il semble qu'aucune réforme radicale ne soit à espérer : La machine féroce du capitalisme ne peut adoucir le sort de l'hélice humaine, du propulseur des bénéfices qui alimentent son luxe ! L'hélice d'acier fut créée pour le travail, l'homme ne devrait travailler que pour vivre. En présence de la désespérante lenteur des pouvoirs publics, Delaisi s'écrie : « Depuis quarante ans le peuple attend de l'instrument démocratique qu'on lui a donné (la République en France) une transformation sociale qui ne vient jamais. Sans se lasser, il a remplacé les royalistes par les républicains en 1877 ; il a passé des opportunistes aux radicaux, des radicaux aux radicaux-socialistes et même aux socialistes. Quel progrès dans les idées, quelle marche en avant ! s'écrient les politiciens. Mais, tandis que le personnel au pouvoir devient de plus en plus rouge, les programmes des partis avancés deviennent de plus en plus pâles, les réalisations de plus en plus éloignées. »

« Qui donc comparait les politiciens aux chevaux de bois ? Ils courent, ils tournent, ils font grand bruit : Comme ils vont vite ! Quel chemin parcouru !... Ils s'arrêtent enfin et l'on se retrouve à la même place. Voilà bientôt un demi-siècle que les générations se succèdent au pouvoir : Agitation, discours, tout a été mis en mouvement, presque rien n'a été fait. La fameuse classe moyenne, dont Marx annonçait la disparition, bien loin de s'anéantir, s'est développée. Elle est, en France particulièrement, fort nombreuse et vivace... et ainsi tous les espoirs que l'on avait fondés sur le bulletin de vote se sont trouvés faux » (1).

Oui, il faut en convenir, comme l'hélice d'acier, comme les chevaux de bois, les révolutions de la terre tournent

____

(1) Delaisi, *La Démocratie et les Financiers*.

sans adoucir la souffrance. Comme les guerriers sur la scène, assez longtemps les discoureurs de l'Etat chantent en chœur : partons, partons, et la misère demeure ! Il faut qu'enfin « le riche et le pauvre se rencontrent, car c'est l'Eternel qui les a fait l'un et l'autre » (1). Ce qui ne signifie pas que Dieu veut qu'ils soient, l'un riche et l'autre pauvre. Elle est encore vraie, la complainte qu'adressait à Lamennais le grand Mazzini : « Dans toute votre carrière vous n'avez eu qu'une seule inspiration, l'amour du peuple ; qu'une seule chose en vue, le bien moral, intellectuel et matériel du peuple. Vous avez, pour lui trouver des éducateurs, *frappé à toutes les portes*, essayé de tous les pouvoirs ; rois, papes, clergé, chrétiens vous ont déçu, anathématisé, trompé. »

Il faut qu'enfin les églises chrétiennes cessent de se passer le bassin de Pilate en se lavant les mains des forfaits qui se perpétuent. M. Stapfer leur adresse l'angoissante question : « Vous chrétiens, que faites-vous ? L'avenir est au christianisme social. » — « L'Eglise fondée par J.-C. doit être quelque chose de mieux qu'une société d'assurance contre les risques de la vie future » s'écrie M. Henri Appia, et Ch. Secrétan prophétisait : « Le christianisme s'en va d'Europe... le monde le dédaigne, le peuple le hait. » — « La question sociale est de nos jours une question de salut moral aussi bien qu'économique. » (Gaston Frommel). — « Réveille-toi, toi qui dors et le Christ, (non pas le Christ factice, mais le Christ historique), te servira de lumière ! » — « Travaillons tant qu'il fait encore jour, car la nuit s'avance pendant laquelle on ne pourra plus travailler. »

IV

Encouragement au développement esthétique

L'attrait de la parure appartient à la nature humaine. Le sens de la beauté est plus ancien que le besoin de se

_____

(1) Prov. XXII ; 2.

vêtir : Les habitants des cavernes esquissaient déjà des dessins artistiques sur les rochers ou les ossements ; les cités lacustres possédaient des vases élégamment ornés de frises ; les religions les plus fétichistes possédaient leurs symboles poëtiques gracieusement exprimés ; des fêtes de joie illuminèrent certaines dates lunaires de l'existence de nos lointains ancêtres ; aux temps de Démosthènes et de Sophocle, le peuple goûtait les joies si pures du beau, mais notre peuple passe son existence dans le laid, le hideux ; la beauté qui élève est le privilège exclusif de la classe capitaliste.

Le déterminisme matérialiste nous dit que les accords lyriques, les charmes de la poësie, les créations de Michel-Ange ou de Raphaël, que l'idéal divin lui-même ne peuvent être autre chose que des produits, tels que le vitriol ou le calcaire. Le beau ou le parfait ne serait que le reflet plus ou moins fantastique de la vie économique ; l'intelligence, l'esclave abrutie de la matière grossière.

Après Karl Marx et Engels, Kautsky écrit : « La pensée pousse la société, non comme le *maître* des conditions économiques, mais comme leur *serviteur*. Ce sont les conditions économiques qui indiquent à l'esprit les tâches à accomplir ; ce sont elles qui lui présentent les moyens de les remplir ; ce sont donc elles qui décident des résultats que la pensée peut et doit atteindre dans des conditions historiques données » (1). Nous sommes convaincus, que, dès que le peuple aura surmonté ses premières difficultés économiques — *primum vivere* — il tournera ses regards vers l'art ; nous pouvons prévoir qu'il en sera de même pour les sciences philosophiques ou psychologiques et alors il reconnaîtra que par delà l'infini dans le temps et l'espace, il y a aussi l'infini dans la perfection, le Divin. La question sociale ne sera plus une question « de ventre » pour l'ouvrier et « d'enrichissez-vous » pour le bourgeois.

____

(1) Neue Zeit, XV, 216. La littérature allemande est particulièrement riche sur l'esthétique sociale. Voir Kambli, Kunst und Leben; Socialismus und moderne Kunst de Fr. Walter. Die Kunst und der Socialismus de Von Ernst Heinrich Lehnsmann. Voir aussi : *Essais socialistes* de Van der Velde, etc.

Si la société encourage toute production personnelle, ses faveurs iront aussi à la production artistique. L'objection habituelle aux réformes : « *Si l'on donne le pas au nécessaire sur le luxe accessoire, ce sera la mort des beaux-arts !* » ne peut être réfutée avec assez d'énergie, car de toutes les créations humaines, les créations artistiques sont les plus personnelles. M. Ch. Gide cite comme exemple la toile de Rembrandt vendue 250.000 francs par Lord Lansdowne. Ce trésor n'a imposé aucune larme, aucune privation à personne. Il n'y a là qu'une production personnelle de génie n'inspirant pas de récrimination au sociologue. Nous pouvons regretter que le tableau décroché d'un palais privé, n'aille pas enrichir un monument public, ne serve pas au développement de tous, comme ce serait le cas si la communauté disposait des biens accumulés par les générations passées ; mais dans la transaction entre l'ancien ministre et le Yankee, nous ne voyons qu'un sac d'écus passer d'une rive de l'océan vers l'autre. Rien n'a été détourné du trésor de la terre, du travail des hommes, ou du capital acquis.

La lutte contre le luxe privé ne vise donc pas la suppression du beau et de l'agréable. Toute vraie démocratie comprend si bien la poésie de la vie et son utilité sociale, qu'elle prétend *la généraliser, en universaliser l'usage,* pour ceux qu'aujourd'hui nous voyons éternellement courbés sous les soucis matériels. Il y a autre chose en l'homme qu'un paquet d'os et de muscles à exploiter, il y a un sens esthétique à développer.

a) Le luxe économique (1), le bien-être de l'aisance assurée permettrait à chacun d'habiter une demeure riante ; celle-ci procurerait à l'ouvrier les bienfaits de l'hygiène physique et morale du home propret et capti-

---

(1) On nous fera remarquer que nous nous éloignons ici de la bienheureuse pauvreté proclamée par le Christ et des privations pratiquées dans les couvents. Jésus a seulement dit que le pauvre échappait à la malédiction lancée contre le riche, aux dangers du Mammon d'égoïsme. Jésus a montré, par sa vie comme par ses enseignements, qu'il ne partageait pas les idées de pauvreté de Jean-Baptiste. D'ailleurs, la misère obligatoire et sociale est autre chose que le détachement volontaire et individuel.

vant. M. Gide estime que le « cottage familial » a une importance plus grande que l'augmentation des salaires. Ce luxe s'étendrait aux bâtiments d'écoles, aux magasins, aux ateliers, aux fabriques, aux rues populeuses : Comparons certaines *écoles* libres d'Angleterre, que nous avons vues installées dans des sous-sols, avec les palais scolaires de villes comme Genève. Ici, l'esprit démocratique a vraiment en vue la formation d'une jeunesse heureuse ; ici, toutes les classes sociales, toutes les religions fusionnent. L'avenir réserve mieux encore à nos enfants, puisqu'il leur donnera les écoles-jardins et les écoles-ateliers, où les élèves s'adonneront gaiement à la culture et s'initieront sans peine au travail pratique, au travail, noble *fonction* sociale.

Faisons des achats dans certains *magasins* de la Nouvelle-Zélande. Tout y respire l'aisance, la décence : les objets, ajoutons-le, sont marqués d'une étiquette (label) qui met au repos la conscience de l'acheteur ; celui-ci peut être rassuré : aucune trace de souffrance ne s'attache à ses emplettes ; l'argent même dont l'acheteur se sert pour se les procurer, il l'a honnêtement gagné par son travail ou celui de ses parents immédiats.

Entrons dans les *ateliers ou usines*. Tout y est réglé par la loi, car on ne compte plus sur la philanthropie du *bon patron*, luttant à armes inégales contre son concurrent exploiteur de chair à dividendes. Dans ceux des établissements que nous avons visités, nous avons remarqué une atmosphère de bien-être ; des créatures travaillant dans un cadre heureux. Tout y respire la moralité et le respect de soi-même. Depuis le vestibule d'entrée du personnel, jusqu'aux vestiaires des deux sexes, aux lavoirs, etc., l'Etat impose la propreté, la ventilation, le chauffage. L'Etat exige des carafes d'eau fraîche et des verres sur toutes les tables. Partout, la lutte acharnée contre le laid, le malpropre ; un souffle du beau se répand jusque sur la prose des engrenages de la machine.

b) *Le luxe intellectuel* formerait les masses par la généralisation des monuments publics, les musées, les bibliothèques, les conférences, les productions musicales. Mais ces progrès que nous avons souvent rencontrés en Australasie, ne sont profitables à l'ouvrier, que si celui-ci jouit de longues heures de liberté, s'il ne rentre pas tard, épuisé, de sa besogne routinière et, hélas, de plus en plus spécialisée.

c) Le luxe moral qui couronnerait l'œuvre de rédemption économique et intellectuelle du prolétariat : Nous n'y insistons pas, mais ce luxe, qui découle des autres, manifeste déjà ses effets bienfaisants par la dignité du travailleur, en Nouvelle-Zélande surtout. La politesse, les règles de la bienséance, l'honnêteté devenue le sentiment de l'honneur et du respect de soi-même, enfin l'entr'aide mutuelle ; tout cela n'est plus l'apanage d'une classe privilégiée par la naissance et la fortune, mais ce luxe se généralise et devient du nécessaire. Dans les contrées à civilisation avancée, on ne parle plus négligemment aux inférieurs saluant très bas, comme à des animaux — il n'y a plus d'inférieurs, tous sont collaborateurs, — on dit : Monsieur le cocher ; la dame à la cuisine, etc. (1). — La tenue des jeunes filles est déjà fort différente de celle des ouvrières dans nos fabriques.

Quel est *l'aspect esthétique des villes nouvelles* construites par la démocratie ? Il forme un contraste peu flatteur pour nos villes capitalistes : Paris et Marseille,

---

(1) A la Maison-Blanche de Washington il y a deux *dames*. Mᵐᵉ Taft et Mᵐᵉ N... la cuisinière. Elles sont « Mrs » toutes deux et les plats n'en sont pas moins soignés. — En Europe, certains présidents de République jouent au souverain ; à la table du président Roosevelt, le lunch se servait, non sur une nappe blanche, mais sur une modeste toile cirée sépia. Cette simplicité ne nuit en rien à la cordialité de la maison. — Simplicité et cordialité ! Ces mots s'accordent d'une façon remarquable dans certaines coopératives socialistes. Durant les heures de travail, la discipline est peut-être aussi stricte que dans les usines patronales, mais elle ne froisse pas. On obéit parce que les chefs d'équipes sont librement choisis par tous les coopérateurs, parce qu'ils remplissent, pour le bien de tous, la fonction sociale qui convient à leurs aptitudes. Aussitôt que la cloche sonne, une métamorphose s'accomplit. Il n'y a plus de préposés, il ne reste que des camarades, des collaborateurs. Nous insistons sur ce fait parce que, après des expériences malheureuses, on croit généralement que l'ordre, la concorde et la discipline sont incompatibles avec une démocratie égalitaire ; que la fraternité chrétienne est une utopie du Christ de Nazareth.

Londres et Glasgow nous présentent des quartiers riches, où s'étale le luxe des grands ; la municipalité les entretient et les arrose avec un soin jaloux ; mais si nous pénétrons dans les districts pauvres, — ceux où se tiendrait le Christ, s'il revenait parmi nous dans sa classe, — nous nous trouvons en face de « slums » souvent infects, où croupissent les masses vouées au culte du laid et du malpropre, où l'on respire le vice et la grossièreté, où l'on sent les immondices de plus d'un genre, où l'on butte, dans les ténèbres contre des tas de détritus, là où l'on attendait des trottoirs (1).

M. Delpont de Vissec (2) brosse le tableau que présente l'opulente ville de Roubaix. Qu'on nous permette de le transcrire ici dans l'espoir qu'une âme au moins, soit touchée à compassion, se joigne à nous dans la lutte contre le luxe ou l'injustice et comprenne que si la charité du Samaritain peut parfois relever un malheureux, c'est à la société qu'incombe le devoir d'empêcher toute une population de languir, dépouillée tous les jours sur les chemins de la soit-disant civilisation capitaliste.

« Roubaix, c'est la ville aux contrastes : la grande richesse et la grande pauvreté s'y coudoyent et s'y heurtent. Vous passez de l'une à l'autre sans transition. Vous voyez celle-là s'étaler tout le long du magnifique boulevard de Paris, dont les somptueuses habitations rivalisent sans peine avec les Champs-Elysées ou la cinquième avenue de New-York, et celle-ci, à quelques pas plus loin, dans la rue populeuse des Longues-Haies où elle s'offre à chaque porte. Les logements ouvriers se trouvent dans des « courées » où l'on pénètre de la rue par une sorte de tunnel, étranglé et obscur. Chaque famille a sa petite

---

(1) Ce sombre récit est littéralement exact en ce qui concerne certaines communes de la banlieue parisienne, par exemple. La Ville-Lumière s'entoure de ténèbres dangereuses, comme une ville assiégée par des hordes sauvages.

(2) Les grèves de Roubaix et leurs causes sociales, *La Revue Bleue*, 30 avril 1904. Citée par M. Fr. Durrleman, *Le Monde ouvrier*, Travaux de Livron 1909. Au risque de faire du plagiat, nous empruntons, en nous en excusant, à cet admirable travail de nombreux et importants passages.

maison, composée de deux pièces en bas et de deux pièces en haut. Le loyer varie de douze à seize francs par mois et au-dessus.

« La brique rouge de la Belgique donne à ces cours étroites une tristesse de prison. L'humble linge du pauvre y sèche sur la corde, tendue d'une fenêtre à l'autre, quand toutefois la pluie du Nord, fine et serrée, n'y tombe pas d'un ciel uniformément gris. Jamais un rayon de soleil n'y descend et bien souvent il faut allumer la lampe à trois heures. Seuls, les enfants, les nombreux enfants des familles ouvrières, donnent un peu de gaieté à ces misérables courées. Ils jouent au milieu des eaux sales et des épluchures qui croupissent dans le creux des pavés. Les portes ouvertes laissent entrevoir des intérieurs fétides, où graillonne une mauvaise cuisine à la margarine. Il y a des familles de quatre et cinq enfants qui vivent d'un salaire de treize francs par semaine, quand l'estaminet n'en prend pas une partie. C'est le règne de la privation, de la maladie, de la vermine, de l'ignorance, de l'alcoolisme et de la mortalité infantile ».

Chaque fois qu'il nous arrive de parcourir, surtout un soir d'hiver, les antres où se traînent les producteurs des richesses, notre cœur bouillonne d'indignation, et les révoltes qui s'emparaient du cœur du Christ en face de la foule abandonnée, ne se brisent que par la vue de l'impuissance d'un individu isolé devant la puissance capitaliste. Jusques-à-quand, ô Dieu ! l'Etat et l'Eglise se désintéresseront-ils du peuple écrasé, abruti, tenu de force la tête en bas, l'âme dans la fange d'un milieu délétère ? Jusques-à-quand tous les pouvoirs conjurés formeront-ils bloc pour empêcher les cris de vengeance de retentir jusqu'aux cieux ? Mais la vie de luxe et de plaisirs seule occupe la pensée de ceux qui, deux fois par an, détachent de leur souche les coupons des compagnies ; le rentier ne sait pas qu'une nuit de plaisir esthétique dans ses salons cause des années de privations dans la demeure de l'ouvrier aux vitres souvent remplacées par des lambeaux de papier ; la vie de dévotion et de mysticisme seule préoccupe l'Eglise des fidèles qui ne se doutent pas, qu'aux yeux de Dieu l'aumône qu'ils jettent aux œuvres de charité est une miette de leur dette de justice et une restitution bien insuffisante si elle n'est une insulte que le peuple ressent amèrement. C'est que le catéchisme du Christ, le Sermon sur la Montagne et l'évangile de fraternité sociale, ont été remplacés par un autre catéchisme ; que les devoirs de sainte solidarité humaine avec la famille de Dieu ont fait place à un salut égoïste, individualiste et jouisseur : Je te rends grâces, ô Dieu, de ce que je ne suis pas comme cette roture des « courées », de ce que mon cœur pur se dilate dans une atmosphère de beauté, de pureté, de poésie !

Achevons l'esquisse lugubre de M. Delpont de Vissec : « *L'usine* offre un contraste plus immédiat encore (entre les deux classes). Elle est immense, tantôt couronnée de créneaux, flanquée de tourelles, où la féodalité de la grande industrie semble s'exprimer. Son puissant machinisme toujours en progrès, les matières premières qui emplissent ses magasins, représentent des millions et des millions. Voici une salle de filature de coton, où les métiers se succèdent presque à perte de vue : on dirait une armée rangée en bataille. Là, au sein d'une atmosphère de serre chaude où volent les poussières de coton, au milieu du tapage assourdissant de ces métiers, imprimant chacun à un millier de broches une rotation vertigineuse, auprès de la machine, infatigable productrice d'argent, belle et fière dans son miroitement d'acier poli, des fileuses en camisole légère et pieds nus, présentent leur face étiolée et leurs grands yeux tristes... »

« Malheureusement, à Roubaix, le luxe et la misère ne peuvent pas s'ignorer comme dans une grande ville, et la lutte de classe en est d'autant plus vive. L'ouvrier sait que dans certaines maisons on vit sur un pied de 2 à 300.000 francs et il compare ce genre d'existence au sien ; il entend parler des spéculations effrénées qui ont lieu à la *Bourse*, des fêtes qui se donnent dans les salons, il connaît même le détail de certaines installations princières et voit passer dans la rue des automobiles d'un prix extravagant ».

Nous nous appesantissons sur la laideur douloureuse du travail d'une part, sur les raffinements artistiques du luxe oisif d'autre part. Il n'en doit pas toujours être ainsi. Aux esthètes effrayés des progrès de la démocratie, nous voudrions pouvoir dire : allez et voyez ! Après avoir parcouru les carrefours de nos banlieues, en sortant des courées de Roubaix, gravissez avec nous les collines d'Auckland, de Brisbane ou de Sydney : *Une mer de verdure* nous enveloppe. De ci, de là, émergent les édifices publics, les cathédrales ouvertes à tous ; puis, d'innombrables pointes blanches ou rouges, piquées dans les frondaisons : ce sont les toitures des cottages familiaux, les cheminées des foyers s'élevant au-dessus de la futaie. De quartiers pauvres, il n'en reste plus guère, sauf chez MM. les Célestes, dont la saleté tient à d'autres causes et semble irrémédiable dans leurs conditions économiques actuelles : mais ailleurs, les maisons sont proprettes au milieu de leur jardinet (Rus in urbe) et on sent qu'elles respirent la paix. Ce luxe de tous pour tous est bienfaisant à l'œil, mais il l'est surtout à l'âme du socialiste-chrétien qui, dans son évangile et son cœur, a découvert « *le frère* », pour qui tout ouvrier est le « prochain ».

Trop nombreux sont ceux qui, en Europe, ne voient en un ouvrier qu'un numéro impair, un être anonyme et toujours désagréable : le plâtrier, on l'évite, car il pourrait salir les robes de deuil des dames ; le charbonnier, on le craint, car il pourrait souiller les toilettes d'été ; le mécanicien est odieux, car tout ce qu'il touche est graisseux ; le valet, on se le représente le goulot de la bouteille à la bouche ; la servante est une personne sale qui descend de sa mansarde pour faire danser l'anse du panier ; le terrassier, lui, on le rencontre dans la boue des rues éventrées ; Jésus, le charpentier, nous l'eussions trouvé, sciant ou transportant du bois et nous l'eussions appelé vulgaire à Nazareth ou encombrant à Jérusalem ; plusieurs de ses apôtres eussent senti le poisson et saint Paul nous eut paru un petit ouvrier chétif de la basse classe. Voilà le « labor improbus » jugé d'après les apparences. Nicodème et le jeune homme riche avaient raison de ne pas se compromettre avec ce monde-là ! On ne fraternise pas avec l'autre classe quand on est « une personne bien », on l'éclabousse avec les roues caoutchoutées de sa calèche ou de son auto ! « Dieu n'a-t-il pas choisi ceux que le monde appelle : les pauvres, pour les faire riches en foi et héritiers du royaume qu'il a promis à ceux qui l'aiment ? Et vous, vous faites affront au pauvre ! Ne sont-ce pas les riches qui vous tyrannisent et vous traînent devant les tribunaux ? Ne sont-ce pas eux qui blasphèment le beau nom qu'on prononce en vous nommant ? » (Christianos). — (Jacques II, 5).

Nous ne voyons dans l'ouvrier que l'être malpropre et peut-être grossier que notre société capitaliste l'a fait (1). Le christianisme de demain verra dans le travailleur, sous une enveloppe encore fruste, un être normal, naturel, qui, à bien des égards est supérieur à la bourgeoisie. Demain peut-être, respirant un air moins malsain, entouré d'un cadre moins déprimant, l'âme du producteur s'ouvrira à un idéal humain, elle sera, de plus, christianisable dans un milieu christianisé par la vue du Christ historique. Alors nous ne risquerons plus de parler de leur âme à des malheureux que l'ambiance empêche en quelque sorte d'avoir une âme.

La société capitaliste redoute qu'une ère de justice n'enlaidisse le monde. Nous pensons qu'il ne pourrait être enlaidi. Nous accusons précisément « l'ordre » actuel de n'avoir en vue que la chasse au profit.

M. Ch. Gide pose la question angoissante : « Une loi douloureuse marierait-elle *toujours* le travail et la laideur d'une part, la beauté et l'oisiveté d'autre part ? On est bien tenté de le croire en regardant le monde tel qu'il est. En tout cas, le travail enlaidit le milieu naturel où il s'installe. Les grands centres d'activité industrielle forment sur la figure d'un pays des taches de boues, de suies, de scories, qui, comme des plaies gangreneuses, s'étendent et rongent peu à peu la terre, la verdure et les ruisseaux sous leurs hideuses banlieues. Il faut avoir vu des villes

(1) L'auteur rougit en songeant que jadis il descendit en curieux dans une mine de charbons et, *alors*, loin d'admirer ces hommes qui produisent toutes les richesses, il fut dégoûté de leur sueur. *Alors*, il ne pensait qu'au rendement de l'entreprise, aux dividendes des actionnaires. Dieu n'avait-il pas créé le prolétariat pour une vie dans la laideur hideuse et la malpropreté quotidienne !

industrielles comme celles du Nord de la France, de la Belgique ou de l'Angleterre, Manchester et Glasgow, pour savoir à quel point le travail peut gâter la terre, attrister la vie et obscurcir le ciel (1) ».

Remarquables cependant sont déjà les résultats obtenus par la simple initiative privée de quelques hommes de cœur. Aux portes de Birmingham et de Liverpool se trouvent des cités-jardins qui nous dictent le devoir de la société. A leur beauté extérieure correspond, cela va de soi, la beauté morale des travailleurs de Bourneville et de Port-Sunlight. Le jour où le monde le voudra, la laideur industrielle du travail, désormais fonction sociale, se couvrira des fleurs de joie et de poésie pour l'œil comme pour l'âme. Mais voilà : pour l'ouvrier, il n'y a pas d'argent et on tient peut-être un peu à maintenir le contraste entre les deux classes, entre la fraîcheur des parterres du château et la laideur des centres du travail ; entre les gens bien et les traîne-guenilles. Après une nuit d'angoisses, le Père Gratry fit appeler M. de Melun pour lui crier : Eureka ! J'ai trouvé la solution de la question sociale ! Entourer les usines d'habitations respirant la joie, de parcs toujours verts, d'une atmosphère de beauté ! Hélas, le cœur naïf du saint religieux, lié par son attachement à l'Eglise, comptait pour la réalisation de son rêve, sur la charité cléricale ou capitaliste. C'est la révolution seule, semble-t-il, qui peut forcer nos dirigeants civils et ecclésiastiques à s'occuper du relèvement esthétique du prolétariat.

On nous répète qu'une démocratie n'eût pas construit nos *cathédrales,* suprêmes fleurons de la pensée tournée vers l'infini. Viollet-le-Duc a précisément prouvé que les cathédrales de la belle époque française furent construites par un prolétariat enthousiaste (2). Les démocraties des communes italiennes et flamandes n'ont-elles pas laissé des chefs-d'œuvre ? Nulle part on ne construit plus de cathédrales qu'en Australasie depuis le règne des radico-socialistes.

(1) Ch. Gide, Le Travail et la Beauté, *L'Emancipation,* 1ᵉʳ février 1904.
(2) *Dictionnaire raisonné de l'architecture française,* Cathédrale.

Il est pourtant douteux que le *Christ* eût encouragé le luxe des temples sacrés, et nous nous étonnions que des chrétiens protestants en fassent grand cas : « Que regardez-vous là ? » disait Jésus aux disciples qui lui montraient les moellons et la structure du Temple : « Il n'en restera pas pierre sur pierre... » dans le nouvel édifice spirituel. Les cathédrales modernes de l'Irlande aux silhouettes gigantesques, aux granits dispendieux, jurent de se trouver juxtaposées avec les huttes d'argile et de paille, où croupit le manant, sous le très conservateur régime clérical. M. Masterman, sous-secrétaire d'Etat en Angleterre, s'écriait au Congrès des Fraternités de 1911 : « A quoi bon bâtir des cathédrales et de grandes salles de culte, lorsque sous leur ombre même, des êtres humains sont forcés de vivre dans les conditions les plus intolérables que le monde ait jamais vues (1) ? Dans la cité divine, l'auteur de l'Apocalypse « ne vit pas de temple, car le Seigneur Dieu tout-puissant et l'agneau en sont le temple ». « Dieu n'habite plus dans des temples de pierres », mais dans des cœurs aimants. De ces pierres ne surgissent pas les enfants d'Abraham, mais les âmes en révolte contre la misère des vilains et des corvéables. Dieu ne transforme pas le pain du pauvre en pierres, mais les pierres en pain.

Quelle maison m'édifierez-vous, dit le Seigneur,

Ou quel sera mon lieu de repos ?

N'est-ce pas ma main qui a fait toutes ces choses (2) ?

Fonder une cathédrale spirituelle de Fraternité ; un sanctuaire à la Paternité divine pour les hommes de toutes classes ; une cathédrale aux voûtes hardies qui escaladerait l'infini du ciel des réalités : le temple de la libre recherche, où les penseurs libres et les libres croyants communieraient dans le sentiment de leur ignorance, dans le respect des convictions d'autrui, mais surtout dans l'action bonne, juste, féconde ; fonder une cathédrale moderne sur

---

(1) *Revue du Christianisme social*, 1911, p. 710. — Le culte populaire de la primitive Eglise ne peut d'ailleurs se céléb dans ces édifices orgueilleux du cléricalisme.

(2) Voir *Actes des Apôtres*, VII, 48, etc.

les réalités concrètes de l'humanité, c'est la tâche du christianisme social et nous en trouvons les fondements dans
les Eglises-institutions qui abritent les Fraternités anglaises et qui sont une des mille expressions de l'Eglise
du peuple, puisqu'elles sanctifient à la fois les prolétaires
individuellement et le prolétariat dans ses revendications
sociales.

Il nous faut des basiliques spirituelles, toutes resplen-
dissantes des conquêtes humaines et divines, dont les
cloches appellent, non les morts du passé, mais les vivants
de la science et de la souffrance. Nos églises officielles
se ressentent de l'usure du temps, elles ne se maintiennent
à travers les évolutions humaines, que par des prodiges
d'équilibre et les étais artificiels du dehors. De là ces
cathédrales et ces temples dont le peuple oublie le chemin
et qui un jour, peut-être prochain, seront entièrement
délaissées si leurs fondations ne sont élargies, leurs conceptions mises au point. Aux Indes, au Cambodge, à Java,
on contemple avec stupeur les gigantesques et fastueux
sanctuaires de dieux, jadis redoutés et aimés par les
masses ; le progrès de notre race les a démodés, éliminés.
Ces merveilles de la piété publique sont aujourd'hui des
mausolées.

Souvent, étreints d'une émotion indiscible, nous avons
franchi le seuil de ces demeures célestes : un frisson
glacé nous saisissait lorsque nous comparions au lamentable abandon actuel les splendeurs mirifiques d'un passé
de vogue et de luxe sans mesure. Les dalles se sont usées
sous les genoux d'innombrables pélerins émus ; elles se
sont amollies sous les baisers brûlants des suppliants ;
elles semblent s'être fondues sous l'action des larmes
de désespérés, appelant le miracle : La mousse maintenant
recouvre ces dalles ! Les voûtes retentissaient des appels
de la prière, des cris de la crainte, des cantiques d'exau-
cement ; c'est le silence éternel et le froid de la mort que
seuls troublent les hurlements des chacals et des hyènes,
profanant ces lieux jadis très saints ! Imprégnés autrefois
des senteurs de l'encens, de l'odeur des sacrifices, ces
murailles sentent la moisissure, elles que l'on croyait
éternelles ! D'éclairées qu'elles étaient par des flambeaux,

des lampadaires, des brûle-parfums, ces nefs sont pour nous des antres de ténèbres ; nous les fouillons avec de douteuses chandelles, afin de ne pas toucher les serpents qui donnent la mort, là où nos pères cherchaient la vie ! Les chauve-souris suspendues sans nombre aux arceaux chancelants, semblent remplacer les prêtres prosternés en adoration. Les échos ne répètent plus la loi des livres sacrés que l'on croyait dictés par le Très-Haut. Les dieux eux-mêmes, décrépis, dépouillés de toute parure, souvent mutilés par les jets de pierres d'autres croyants, ou servant de cible à des soldats sceptiques, ces dieux, jadis si redoutés, ne peuvent plus faire éclater leurs foudres vengeresses ; ils sont là, objets quelconques, qu'ausculte sans égards le touriste d'une heure ; ou bien, leurs autels sont veufs de toute divinité, celle-ci ayant passé dans les vitrines d'un musée, dont un gardien tient la clef, comme nos prêtres celle du tabernacle. *Sic transit gloria !* Ainsi s'évanouit le luxe des divinités elles-mêmes ! Ah ! si l'on avait prédit aux fervents du passé, que leur religion désormais inféconde serait la risée des générations futures, et que l'humanité avancerait sans elle, majestueuse et conquérante, vers ses destinées, que de nobles consciences on eût blessées, que de tortures on eût endurées comme châtiment d'un pareil blasphème ! Mais, conflantes d'être seules les interprètes du 'rai, du Beau et du Bien, les églises de tous les temps se laissent distancer, remplacer et disparaissent enfin : « Dieu n'habite plus dans des temples construits par la main des hommes », mais par leurs cœurs consacrés au service de leurs frères ! Cela seul est éternel dans le service du Père !

Autant les Eglises traditionnelles s'efforcent d'atténuer l'œuvre du Christ-ouvrier, autant on insiste sur les rares épisodes de sa vie où il semble avoir mis son sceau sur le luxe ecclésiastique et mondain. On nous dit qu'il prit part aux cortèges du temple et qu'il se fit inviter aux banquets de Béthanie, de Simon et de Zachée ; pour peu, on ferait de ces modestes intérieurs de village des bals de la cour, des festins pantagruéliques, célébrés en face d'une population affamée. Le Christ ne fit que deux exceptions à la règle de simplicité campagnarde dont toute son existence est le symbole : La première dont tirent parti les partisans de la neutralité du Christianisme devant les splendeurs du monde, est l'attitude du Christ johannique aux noces célébrées à Cana. La seconde nous reporte aux derniers jours de sa vie : Posséder une urne d'albâtre, qu'un parfum de grand prix emplissait, la briser pour en répandre la senteur sur lui à la veille de son martyre, tel fut le crime bien oriental d'une âme embaumée ! Jésus la prit sous sa protection en face du traître qui songeait moins aux souffrances des pauvres qu'à sa propre cupidité : « Ne lui faites point de peine, à cette femme ! » « Judas ne se souciait pas des pauvres, mais il était un voleur ; tenant la bourse commune, il prenait ce qu'on y mettait (1) ». La question du luxe et de la misère ne se posait pas en ce moment là en Palestine, comme elle se pose aujourd'hui chez nous : Nous ne pensons pas qu'un christianisme, ne retenant de l'évangile que ces deux exceptions sporadiques, soit une image fidèle de la bonne nouvelle de délivrance apportée aux pauvres. Deux épisodes isolés du quatrième évangile ne suffisent pas comme couverture à l'injustice foncière de la société ; ils n'effacent pas : « Malheureux vous, riches, vous avez reçu votre récompense » et celle-ci est plutôt une malédiction. On peut entourer de pompes et d'art un culte majestueux, on peut se croire et s'appeler *chrétien évangélique* ; on ne l'est pas, aussi longtemps qu'on demeure sur le terrain de la puissance adverse, le Mammon d'injustice. Le christianisme le comprendra, pensons-nous, le jour où, prenant en mains la cause des écrasés, il accep-

(1) Jean, chap. XII. Elles sont rares aujourd'hui les dames qui renoncent à leurs potiches ou à leurs bijoux de grand prix, pour se faire pauvres avec le Christ ! Il est curieux de constater que seuls les pauvres suivaient le Christ. Il nous est dit, il est vrai, qu'un certain nombre de fonctionnaires croyaient en sa mission, mais « à cause des Pharisiens, ils s'en cachaient pour ne pas être chassés de la synagogue (église), préférant en cela la gloire humaine à la gloire de Dieu ». *Ibidem*, 42 Il en est parfois de même aujourd'hui : L'intérêt avant le devoir ! On fait état du passage (Luc : XII), où le Christ refuse de départager deux capitalistes, se disputant une fortune, mais on a soin de ne pas citer la parabole qui explique l'attitude de Jésus.

tera loyalement l'indivisibilité du grand et nouveau commandement (1).

Résumons encore, avant de quitter ce sujet, l'éternelle objection : le socialisme, en nivelant le luxe, *supprimera le beau !* En s'occupant du nécessaire, il négligera l'accessoire. Le luxe sain, le prolétariat l'appelle *le nécessaire pour tout être humain.* Les eaux bienfaisantes, aujourd'hui, sont déversées en torrents malfaisants dans des parcs clôturés, pour la vanité de quelques-uns ; nous les voudrions voir couler pour tous, en canaux d'irrigation et de relèvement. Le peuple comprendra alors que sa vie pourrait être pleinement humaine. Il s'organise déjà pour la lutte contre les héritages accumulés et la puissance de l'argent, contre « *l'impôt privé* » perçu par une féodalité d'un nouveau type sur la foule des faméliques. Puisse l'Église du peuple, ne plus ressembler à ce géant immobile qui souriait d'un œil et pleurait de l'autre, mais, enfin, venir au devant du prolétariat et faire siennes ses revendications esthétiques après celles de justice : « Chacun habitera sous sa vigne et son figuier ; avec les épées, on forgera des socs et avec les lances des serpes ; on ne se fera plus mutuellement ni tort ni dommage ». Voilà la vision radieuse qui fait battre nos cœurs. Elle devrait inspirer au christianisme tout entier des paroles de flamme et des actes de renoncement héroïques, pour en

(1) Où et quand verra-t-on des pasteurs ou des curés renoncer (ne serait-ce qu'une fois par mois) au majestueux sermon dominical, pour encadrer les prières et les cantiques d'enquêtes sur les familles en détresse physique ou morale ? Où et quand, après ces études sociales, les chrétiens se disputeront-ils les ruelles les plus repoussantes pour y chercher et y relever « le frère » ? Ce serait plus palpitant que les homélies sur le passé ou les visions eschatologiques. Où et quand les jeunes filles et les jeunes gens se feront-ils garde-malades, médecins, instituteurs bénévoles ? « A quoi sert-il à quelqu'un de dire : J'ai la foi, *s'il n'a pas les œuvres* ». La foi peut-elle le sauver ? Je suppose qu'un frère ou une sœur se trouve dans le dénuement et qu'il lui manque le pain quotidien, et voici, l'un de vous leur dit : Allez en paix, chauffez-vous, rassasiez-vous ; et il dit cela sans leur donner ce qu'il leur faut pour vivre, à quoi cela sert-il ? » (Jacques II, 14-17.) « Je suppose qu'*un* frère... » Ce sont des *milliers* de frères qui, autour de nous, attendent... et le christianisme ne s'en soucie pas. Comme le capitalisme, les églises trouvent cela tout naturel ; c'est « l'ordre social ».

hâter la réalisation : « Les cieux nouveaux et la terre nouvelle où la justice habitera » seront un séjour de beauté.

On nous répond que ce n'est pas là une vision, mais une révolution, un bouleversement, la fin de tout ! Combien de fois l'évolution humaine n'a-t-elle pas amené des formations sociales nouvelles ! On ne peut garder le vin nouveau, la pensée moderne dans les outres des vieilles institutions ! Nos sociétés occidentales ont traversé une longue ère théocratique ou plutôt ecclésiastique, où les problèmes sociaux prenaient des formes théologiques et les conflits des aspects d'hérésies.

> Hideux siècles de foi, de lèpre et de famine,
> Que le reflet sanglant des bûchers illumine (1) !

Puis, elles ont passé à l'âge monarchique. Elles en sont aujourd'hui à l'étape démocratique et parlementaire et voici qu'elles approchent de l'époque syndicale, où le fait économique aura sa place à côté des facteurs de l'intelligence et de l'idéal ! Un jour, on couronnera l'œuvre en agrémentant de beauté toute vie humaine ! Vouloir arrêter ce courant vers le bien-être matériel et les jouissances esthétiques du peuple, nous semble aussi puéril que d'essayer de changer le cours de la lune ou des marées ou d'arrêter le soleil dans sa course. S'y opposer, c'est être laissé de côté ou en arrière. Or, le christianisme ne devrait-il pas être un initiateur d'avant-garde, un phare conducteur ? Il le fut à son début : « Voyez comme ils s'aiment ! Il n'y avait parmi eux qu'un cœur et qu'une âme ! Il n'y avait pas de pauvres parmi eux ! Personne ne disait rien posséder qui lui fut propre, mais ils mettaient tout en commun. Ils vendaient leurs propriétés et leurs biens et en partageaient le produit entre tous en proportion des besoins de chacun » etc. (2).

(1) Lecomte de Lisle, *Poèmes tragiques*, « Les siècles maudits ».
(2) *Actes des Apôtres*. — On a souvent répété que cet amour, découlant des feux de la Pentecôte, causa la ruine de l'église de Jérusalem. Ce ne fut pas l'opinion de Paul ; l'exil et les persécutions des Juifs furent plus perfides encore que cruels envers la Réforme

Oui, lorsque, au régime de concurrence et d'écrasement aura succédé celui de l'entr'aide et du respect mutuel, chacun aura sa part à la table du beau, du vrai et du bien. Une manne de poésie dissipera l'atmosphère du laid obligatoire, des ténèbres de nos impasses fétides et des cœurs malpropres.

V

Encouragement à l'épargne bien comprise

Le mauvais luxe est la résultante nécessaire de la répartition actuelle des moyens de production et d'échange ; il ne disparaîtra qu'avec la Société capitaliste actuelle. — Le riche dispose de sa fortune de quatre manières. Quelle est la bonne ? — Il peut *a*) *thésauriser :* heureusement l'avare qui cache son bien sous un oreiller, ou enfouit son argent au pied d'un arbre, est un être rare et anormal. — Le riche peut *b*) *donner* son pécule : mais les donateurs sont moins nombreux encore et ne satisfont pas aux exigences de la justice distributive. Qu'un homme consacre au peuple sa part d'héritage cela se voit, c'est une admirable exception, mais son influence objective demeure presque sans effet sur l'égoïsme d'une atmosphère individualiste par définition. — Reste *c*) l'emploi de l'argent en *dépenses de luxe.* En face des

religieuse ; plus tard, les séditions et les sévices des Romains amenèrent la détresse croissante d'une communauté, pauvre déjà, qui suivait le Christ au Calvaire. La société juive comme le monde païen, étaient peu préparés à la suppression du luxe individuel. Enfin, une oasis collectiviste ou communiste ne peut subsister en présence des appâts de la convoitise ambiante. On a également répété que l'évangile social n'avait jamais été mis en pratique ailleurs qu'à Jérusalem. C'est une profonde erreur, comme nous l'apprennent les Pères et les Actes des martyrs. Ne citons ici que Tertullien : « Comme nous sommes unis par l'âme et par le cœur, nous n'hésitons pas à mettre nos bourses en commun. Tout est commun chez nous, à l'exception des femmes. Chez vous (païens), c'est le contraire qui a lieu, vous n'avez de commun que les femmes. » (*Apologétique*, 39.)

gens qui comprennent que le luxe est criminel, nombreux sont ceux qui en font une vertu sociale : Il faut faire travailler le pauvre monde ! — Si nous supprimons le luxe par la division des fortunes, le riche *d) placera son argent* à intérêts, ce qui est la seule façon d'accroître sa fortune. Il transformera son avoir en une consommation utile : le haut-fourneau se substituera au château, la plantation ou l'irrigation d'un jardin remplacera le yacht, l'écurie, la meute ou les banquets. M. Ch. Secrétan, dans une page admirable, montre aux plus prévenus la différence entre le luxe et les dépenses productives : « Le luxe fait vivre beaucoup d'ouvriers, mais leur travail *ne laisse rien après lui ;* la part du revenu social consommé par les serviteurs du luxe est purement et simplement anéantie, tandis qu'affectée à d'autres besognes, elle eût nourri tout autant de bouches et se fût retrouvée avec accroissement dans le résultat de leur travail. Que je donne un bal ou que je plante un verger, ce sera, nous le voulons, la même dépense, mais le résultat sera différent. Dans le premier cas, j'aurai fait vivre pendant quelques jours des lampistes et des cuisiniers et ce sera tout ; dans le second cas, j'aurai fait vivre des jardiniers et des terrassiers et il restera les arbres et les fruits que je ne mangerai pas tout seul. Dans le premier cas, j'aurai pour ma part, fait renchérir des produits utiles ; dans le second, j'aurai fait baisser le prix d'autres produits utiles (1). » M. Secrétan eût pu accentuer sa thèse, en l'appliquant *au côté moral* de son exemple. Il ajoute : « La prodigalité des classes opulentes est bien la source de quelques fortunes privées, mais quant à la Société dans son ensemble, elle tend manifestement à l'appauvrir. »

Ici, nous nous retrouvons devant *la question de la propriété elle-même.* Ici, nous constatons, que l'Etat, tuteur de la fortune et de la liberté de tous, ne peut pas ne pas intervenir dans l'emploi du travail accumulé par les générations laborieuses. M. Ch. Gide dit fort bien : « Le vrai péché du luxe n'est pas le gaspillage de l'argent

____

(1) *La civilisation et la croyance,* cité par l'*Essor,* lors de l'enquête sur le luxe.

qu'on jette aux valets et aux cuisiniers, aux fleuristes et aux bijoutiers, aux dentellières et aux maîtresses, — l'argent ne fait que circuler — le péché du luxe est la dilapidation du travail. Cette chose sainte devrait être employée à nourrir, vêtir, loger le peuple (1). » Or, *la loi seule* peut empêcher M. Chauchard ou le roi Léopold de jeter les millions du travail à des parasites qui ne le feront pas servir au bien public.

L'Etat seul peut empêcher le capitaliste d'attenter, par ses placements, à la liberté effective du peuple : travaille aux conditions que j'impose ou..... meurs, car je détiens tes instruments de travail. Il est exorbitant le pouvoir de celui qui, par droit de naissance ou autre, se place entre l'ouvrier et la terre ou la machine. Il est hors de toute proportion le droit du Syndicat patronal en face de l'ouvrier isolé ou même syndiqué, dans ce qu'on appelle non sans ironie *le contrat* du travail. — Seul l'Etat peut empêcher le capitaliste de pousser à la production *pour le producteur*, de provoquer des crises de surabondance ou de disette publique, selon son intérêt ou son caprice, comme si le capital était tout, et la sueur du travail-effort ou les besoins de la nation, des accessoires négligeables. — Seul l'Etat peut empêcher le capitaliste de consacrer son bien à des *industries nocives* ou immorales : trusts d'accaparement, kursaals de jeux, pari mutuel, absinthe, céruse, phosphore blanc, etc. La concentration des richesses est donc dangereuse, non seulement lorsqu'elle pousse au luxe les descendants des travailleurs chanceux, mais lorsqu'elle confère à un individu un pouvoir féodal sur ses concitoyens. Puéril est l'adage aveuglément accepté : la philanthropie et les œuvres de charité chrétienne, l'initiative privée suffisent à la tâche des réformes progressives. Les faits prouvent que seul le socialisme a raison : c'est une révolution dans l'opinion publique et la loi, qui fera prévaloir la justice.

Heureux, nous aimons à le répéter, les pays australa-

(1) Le *« péché ! »* ce que saint Paul appelle le « dérèglement ! » Il est surprenant que ce soit presque toujours les laïques qui prononcent ces mots et qui, se tournent vers les riches, en appellent à leur conscience : « Tu es cet homme là ! »

siens, où la classe du rentier fainéant a presque disparu, où dans la ruche humaine on professe déjà pour le frelon autant de mépris que chez nous d'estime. En zoologie, celui qui vit de la substance des autres s'appelle parasite. Heureux les pays où la production est organisée en vue des besoins des consommateurs ; où l'Etat peut et doit procurer du travail à ceux qui n'en trouvent pas (1). Le luxe malsain s'élimine spontanément. Le luxe bienfaisant, toujours modéré comme les fortunes, s'est déjà développé chez l'ouvrier. Avec lui sont nées la décence, la propreté, la dignité, l'honnêteté. Là, la jeune ouvrière n'a plus à trafiquer de sa personne pour avoir de quoi se vêtir et se mesurer avec les beautés d'une autre classe. La prostitution a disparu avec la marchandise achetable et avec les loisirs et les revenus du hobereau dissolu. Là, le travail-effort se mesure d'égal à égal avec le capital-argent (2).

VI

Les dangers du bien-être général et de la paix économique

Nous tomberions dans une utopie dangereuse, si nous ne mentionnions expressément le revers de la médaille

(1) Pour assurer à tous le travail, l'Etat Néo-Zélandais possède des régies nombreuses. Loin d'être des monopoles, comme pour les allumettes en France, ni des sources de revenu dissimulé pour le budget, elles sont des entreprises commerciales. Pour régulariser les prix des marchandises, l'Etat Allemand rachète les houillières et les usines... Seulement pour que l'Etat soit le bon patron, l'industriel. le fermier modèle. il faut que les Régies soient autonomes, indépendantes du budget et de la politique, que l'Etat ne soit pas la vache à traire des fonctionnaires, mais le tuteur, le bienfaiteur ! Le contrôleur de tous doit être lui-même strictement contrôlé par l'opinion publique et le suffrage universel, renforcé par le référendum et le droit d'initiative parlementaire. Alors seulement les régies seront les précurseurs de la décentralisation économique.

(2) Les Comités de conciliation et les cours d'arbitrage — celles-ci

démocratique : *la soif du luxe* est latente dans le cœur humain ; à quelque classe sociale qu'il appartienne, ce cœur doit être régénéré (non par la croyance à certains dogmes) mais par une fraternité solidariste sincère, basée elle-même sur la Paternité divine ; les lois les plus précises ne peuvent empêcher l'arriviste de se glisser par les mailles de leurs articles et d'échapper à leurs sanctions. *Le besoin de confort* va toujours en augmentant dans une démocratie anonyme et étatiste, si la conscience des responsabilités collectives n'est pleinement développée dans la masse. A la veille surtout des élections, on n'est que trop porté à renchérir sur les concessions déjà faites ; *à dépasser le quotient commun de richesse disponible dans la nation ;* à recourir sans cesse à l'emprunt afin de satisfaire aux vœux du moment. Partout il se trouve des hommes ambitieux qui se croient destinés à briller au premier rang et qui, comme César

Maluisse se primum esse Veiæ quam secundum Romæ.

Partout, le prolétariat souffre de déchirements regrettables, d'un mal de croissance provoqué par une sainte hâte d'arracher l'ivraie du champ social. Souvent, dans ces pages, nous avons mentionné la Nouvelle-Zélande. Les réformes sociales pourront-elles s'y maintenir ? Nous croirions à leur durée, s'il ne sugissaient d'autres obstacles que ceux « du dedans ». Mais le capitalisme, vaincu, mais non anéanti, pourrait reprendre vie. Les conservateurs revenant au pouvoir, s'empresseraient d'ouvrir toutes grandes les portes de la Colonie aux Canaques, aux Jaunes (dans les deux sens du mot),

avec le rang de cour suprême ou de cassation. — départagent les deux classes également syndiquées. Là, en Nouvelle-Zélaude, pendant une période de fermentation cependant extrême de dix-huit années, pas un jour la production ne fut arrêtée, pas un conflit sérieux ne vint aigrir les cœurs, le *lock-out* comme la grève étant légalement interdits. En Europe, l'ouvrier n'espérant obtenir de l'Etat que des lois de façade entend garder sa liberté révolutionnaire et son idéal de grève générale ; en Nouvelle-Zélande, il n'y a pas eu jusqu'ici de révolutionnaires, parce que les pouvoirs publics imposaient aux patrons le respect de l'homme et la justice.

aux miséreux et aux condamnés d'Europe. Ils accroî-
traient la production, ce qui serait un bien, mais
rejetteraient le peuple dans la dégradation des mauvais jours, par les bas salaires et les longues heures
de travail. D'autre part, si les socialistes Néo-Zélandais, après avoir réalisé le programme des *réformes*,
demandaient la suppression immédiate du capitalisme lui-même, *la réforme* collectiviste, il est à crain-
dre que la Métropole n'intervienne, soutenue par les
compagnies anglaises ; que la petite colonie ne soit écra-
sée par la concurrence étrangère ; ne soit boycottée par
la haute Finance de la Cité. On se ferait illusion, du reste,
en pensant que la justice a conquis tous les cœurs en
une génération : la société juive, certaines églises, de
nombreux arrivistes de fortune attendent avec impa-
tience une réaction qui leur permettrait de faire des
fortunes rapides. La science proclame que la nature ne
fait rien par bonds violents, et l'expérience indique que
les fruits les plus savoureux mûrissent lentement.

VII

Le remède : l'Eglise du peuple

Quelle sera la forme des groupements chrétiens, lorsque l'évangile social sera remis en honneur ? Nous ne
voyons pas bien le christianisme, existant sans églises
organisées, mais, comme nous l'avons déjà insinué, nous
pressentons les organisations de la démocratie chrétienne dans les fraternités anglaises. Née d'hier, leur
constitution est cependant *fort ancienne*, puisqu'elle nous
reporte à l'âge d'or du christianisme, à l'époque où l'édifice social était composé de pierres vivantes bravant la
tempête et le martyre pour la réforme de l'humanité ;
de pierres vivantes cimentées entre elles par le sang
encore chaud du jeune enthousiaste de la justice et de
la sainteté.

La constitution des associations démocratiques anglaises, nous semble être *bien moderne* et bien adaptée pour la lutte contre le matérialisme actuel. Pendant de longs séjours en Angleterre, nous avons cru discerner les grandes lignes de leurs tendances : 1° Autonomie absolue des groupes qui acceptent comme lien les principes fondamentaux du christianisme. (Self governing). — 2° Un culte essentiellement laïque. — 3° Services bénévoles et non salariés des préposés (honorary) de toutes les branches. Indépendance budgétaire vis-à-vis de la bourgeoisie (self supporting). — 4° Etude de toutes les réalités sociales, de tous les problèmes religieux, moraux, scientifiques, politiques, sociaux, sanitaires, etc., qui angoissent les consciences à notre époque : *Nihil humani mihi alienum !* De même qu'à la Maison du peuple ces sujets sont traités au point de vue économique, ainsi, dans les Fraternités, on les expose à la lumière idéale de la conscience dans l'esprit du Christ. — 5° Le choix des sujets à l'étude, est laissé à l'assemblée. — 6° Les thèses sont contradictoires, loyalement soumises à la discussion ; ce qui habitue le peuple à écouter les arguments de l'adversaire et à lui répondre avec courtoisie. — 7° Les applaudissements ou les murmures de l'assemblée donnent de la chaleur et de l'entrain aux débats. — 8° Les cultes sont courts : si le sujet entamé n'a pas été épuisé, il est repris à l'assemblée suivante. — 9° Les cultes sont interconfessionnels ; toutes les opinions religieuses et sociales pouvant s'y faire jour, « *in dubiis libertas, in omnibus charitas* ». Le microbe de l'intolérance ou du cléricalisme ne peut donc guère y comprimer les cœurs. — 10° Le culte pousse aux solutions concrètes, pratiques, agissantes, immédiates, par le choix de commissions ou la délégation de membres compétents dans toutes les activités. — 11° Le culte est agrémenté de musique et de récitations, ce qui pousse les ouvriers à se spécialiser dans l'art et à initier leurs enfants aux productions jusqu'ici réservées aux classes bourgeoises. — 12° Dans ce culte si moderne, on regarde en face, sans les atténuer, les solutions sociales et pleinement humaines suggérées par la Bible ; la prière spontanée n'y est pas souvent une simple formule, mais un élan, un éclair vers le Divin.

N'y a-t-il pas dans ces rencontres de frères un palliatif aux dangers que présente le bien-être matériel d'une démocratie ? N'y a-t-il pas là un remède au divorce toujours plus accentué entre le peuple et les églises traditionnelles et cléricales ? N'y a-t-il pas là la possibilité de déchirer le voile qui cache le Christ au socialisme de langue française, de faire disparaître l'antagonisme persistant entre deux mouvements qui devraient se confondre pour amener l'avènement de la Cité de Justice ? L'avenir demeure un sphinx, personne n'en peut préciser les secrets, mais l'empressement du prolétariat anglais à accepter ces méthodes nouvelles, nous fait concevoir des espérances radieuses pour son développement.

Karl Marx, Lafargue, Guesde, Vaillant, de Paepe, les porte-fanions du socialisme continental se réclament de la libre-pensée, mais, nous dit un autre socialiste, Keyr Hardy, en luttant contre les églises, ils revendiquent sans le savoir les droits de Dieu dans son peuple opprimé. Huxley, Darwin, Stuart-Mill, Herbert Spencer ont été appelés incrédules ; ils étaient pourtant croyants. Dans l'âpreté de la lutte contre les Eglises officielles, on peut se détacher un moment des principes divins, mais l'humanité en revient toujours au Christ de Nazareth et par conséquent au Dieu vivant (1). Les églises laïques des Fraternités ouvrières, si elles réclament hautement le salut intégral du peuple, le ramèneront au Fils de l'homme qui vécut et mourut pour lui.

VIII

Le prolétariat rejette toute religion

L'antagonisme croissant entre le relèvement matériel de la classe ouvrière et l'idéal divin n'est donc pas défini-

(1) Keyr Hardy, Discours de Lille, 1910.

tif. Le socialisme international proclame la neutralité, la liberté de conscience en face des églises capitalistes : « *La religion est affaire privée.* » Le prolétariat de langue française lutte ouvertement contre les clergés, surtout là où règne l'église catholique, politiquement et financièrement mieux organisée que le protestantisme, pour le maintien du *statu-quo* bourgeois. La confusion entre les mots églises et religion s'accentue ; le peuple ne voit Dieu que dans ses ministres et les organisations du passé.

Il n'en fut pas toujours ainsi ! Voilà le point sur lequel nous devons insister afin de préciser les responsabilités. Personne ne comprit mieux les périls de l'athéisme envahissant la démocratie, que les socialistes eux-mêmes. A la grande époque classique, de tous leurs vœux ils en appelaient à la religion, comme à la base la plus ferme d'un élan vers l'idéal. C'est avec un zèle digne des apôtres qu'ils se réclamaient du Christ et de l'évangile dont ils se croyaient non les précurseurs mais bien les « postcurseurs ». Saint Simon rêvait d'un « *Nouveau christianisme* ». Enfantin méditait sur *la vie éternelle* et il en prenait occasion pour commenter les paroles et l'œuvre de Jésus. De son côté Pierre Leroux traduisait le livre de Job et publiait « le véritable livre d'Isaye », le prophète que le Christ semble avoir le plus étudié ; il citait et discutait les textes de saint Paul et de saint Jean. Pierre Leroux n'a été dépassé sur ce point que par Proudhon, commentant de la première à la dernière ligne les quatre évangiles, Buchez rêva d'une Eglise Catholico-conventionnelle.

Une ferveur religieuse planait sur tout le système socialiste de 1830 à 1850 et en fournissait comme la logique intime. Il s'adressait à la conscience et aux sentiments les plus profonds dans l'humanité ; il semblait emprunté à l'évangile, il voulait suivre le grand altruiste, les grands renoncements du Christ de Nazareth, si différent du Christ traditionnel des catéchismes.

Cette ferveur religieuse disparue, il reste une lacune dans le cadre des aspirations comprimées. Le socialisme d'alors était une *vie* nouvelle pour l'individu comme pour la société. Incrustés comme les nuances d'un émail cloisonné dans le Divin, ces individus n'avaient plus qu'une même vie solidaire. Ils sentaient leurs destinées communes ; appelées à faire ensemble une chose sainte, glorieuse, divine (1).

Ces hardis novateurs qui proclamaient la bonne nouvelle aux pauvres, ne faisaient pas compliment à l'église de sa fidélité à les suivre, et lorsque saint Simon écrivait son *Nouveau christianisme* et Cabet son *Vrai christianisme selon J.-C.*, ou lorsque Pierre Leroux parlait de l'origine démocratique du christianisme, du « Vrai sens de l'Evangile ». Comme Proudhon, comme le deuxième Lamennais, comme presque tous les réformateurs, ils croyaient être incomparablement plus chrétiens que les églises traditionnelles. Ils signalaient dans celles-ci une sorte de corruption de la religion ; ils voulaient reprendre, — comme l'avaient tenté les géants du XVI° siècle au point de vue exclusivement dogmatique — l'œuvre sociale de Jésus et de la primitive église (2).

Ils devaient, hélas, s'apercevoir trop tôt, que le « Benedetto » de Fogazzaro appartiendra toujours au roman. L'appel du peuple à la justice contre le luxe des grands ne retentira jamais dans le palais apostolique du Vatican aux trois mille appartements. Nous avons vu, il est vrai, un instant, les mendiants de Rome admis dans la cour Saint-Damase ; ce n'était pas pour y revendiquer leurs droits, mais pour y recevoir une admonestation dominicale à la patience et à la résignation.

Il arriva aux héraults du XIX° siècle de regretter que l'œuvre de relèvement de leur classe, les églises ne l'entreprissent pas elles-mêmes ; ils appelaient le pape et le clergé au secours du peuple écrasé. Rappelons les mémorables déclarations du cordonnier socialiste *Jean Pellering* donnant sa profession de foi au banquet solen

(1) Voir les œuvres de Saint-Simon et d'Enfantin, *Procès et Plaidoiries* ; A. d'Echthal, *Le Socialisme*, p. 424.

(2) Nous empruntons ici de nombreuses citations aux ouvrages de l'abbé Ch. Calippe : L'attitude sociale des catholiques français au XIX° siècle. Les tendances sociales des catholiques libéraux, etc.

nel du Prado (Molenbeck, lez. Bruzelles) entouré des révolutionnaires de 1848 (1). « Que sommes-nous venus faire ici ? Nous sommes venus prendre place à un banquet fraternel. Le Christ réunissait ainsi ses disciples, partageant avec eux le pain et le vin. Il leur recommandait de s'asseoir souvent à la même table, parce que ces fraternelles communions effacent les haines et les discordes, pour semer l'amour et la confiance. Des agapes des premiers chrétiens ne sortirent pas des bourreaux mais des martyrs ; demandez-le à l'histoire..... » Voilà le socialisme d'alors, tout vibrant des espoirs de rédemption que le Christ de l'évangile lui avait suggérés. Il nous serait aisé de montrer que les vertus, frustes encore mais conséquentes, correspondirent souvent aux paroles de feu des conducteurs.

Saint Simon partait de ce principe, que les hommes doivent se conduire en frères à l'égard les uns des autres. Il en conclut que « la religion doit diriger la Société vers le grand but de l'amélioration la plus rapide possible du sort de la classe la plus pauvre. »

A propos du protestantisme en particulier et pour en faire ressortir les insuffisances, saint Simon met sur les lèvres de Luther un discours que le promoteur de la Réforme, s'il avait pu faire œuvre complète, eût dû adresser à la triple couronne pontificale et à la pourpre

---

(1) Les salles de réunion des révolutionnaires étaient agrémentées de drapeaux rouges sur lesquels, en grandes lettres blanches, figuraient des textes de l'Evangile Le prolétariat s'imaginait qu'il n'aurait qu'à rappeler cet évangile au clergé, pour qu'il se mit à la tête du mouvement comme le Christ lorsqu'il foudroyait les riches. Si les textes bibliques ont aujourd'hui disparu du calicot rouge, s'ils sont remplacés par d'autres : « Ni Dieu ni maîtres ! » Ce n'est pas au prolétariat que la responsabilité en incombe. Nos socialistes effacent de leur histoire ces manifestations de la foi ; ils rougissent du christianisme qui enflammait leur berceau. César De Paepe, par exemple (dans Vie d'un prolétaire socialiste à travers le xixe siècle), fait preuve d'un regrettable manque de sincérité objective. Y a-t-il lieu de s'en étonner, lorsque pour tous les partis, la fin justifie les moyens ; chacun peignant ses héros avec les couleurs qui conviennent à sa thèse ?

cardinalice (1). Saint Simon écrit : « Vos devanciers ont suffisamment propagé *la théorie* du christianisme... les européens en sont suffisamment imbus : c'est maintenant à l'application générale de cette doctrine qu'il faut vous occuper. Le véritable christianisme doit rendre les hommes heureux, non seulement dans le ciel, mais sur la terre... Il ne faut plus vous borner à prêcher aux fidèles de toutes les classes, que les pauvres sont les enfants chéris de Dieu ; il faut que vous usiez franchement et énergiquement de tous les pouvoirs et de tous les moyens acquis par l'Eglise militante, pour améliorer promptement l'existence morale et physique de la classe la plus nombreuse... Vous avez à remplir une tâche bien plus satisfaisante que celle qu'ont accomplie vos prédécesseurs ; elle consiste à organiser toute l'espèce humaine d'après le principe fondamental de la morale divine. Pour remplir cette tâche, vous devez donner *ce principe* pour base et pour but à toutes les institutions sociales (2).

Saint Simon, comme ses successeurs pressentait déjà le puissant renouveau de jeunesse que le christianisme pourrait tirer de son intervention dans la lutte entre le luxe et la pauvreté. L'église « militante » figée dans ses traditions conservatrices ne répondit pas à l'appel des

(1) La glorieuse aurore de la Réformation fut éminemment sociale et même socialiste : A peine le N. T. est-il traduit en Allemand et livré aux paysans de Souabe, ceux-ci prennent le Christ du Sermon sur la Montagne au sérieux et se rebiffent contre le luxe et les exactions des châtelains. De proche en proche la Bonne-Nouvelle de libération se répand... Mais, enserré, par les nécessités de la politique, s'appuyant sur les armes des princes, Luther abandonna les paysans et les livra à leurs massacreurs. Plus tard son antipathie pour l'épître sociale de Jacques diminua sensiblement. Calvin évita les passages sociaux des Ecritures et, obligé de commenter le IIe commandement, il s'efforça d'en atténuer la portée en exaltant l'amour de Dieu qu'il sépare de l'amour des hommes. La Réforme est donc restée au service des grands du monde ; seulement, aux princes ont succédé les financiers capitalistes ; au servage a succédé le salariat ; le luxe et la misère sont demeurés en présence et la lutte des paysans est devenue celle des ouvriers industriels.

(2) Saint-Simon : *Le Nouveau Christianisme* : Dialogue entre un conservateur et un novateur. Premier dialogue. Cité par l'abbé Ch. Calippe op. cit.

miséreux : le catholicisme ne voit pas l'injustice qui écrase le peuple, tant il est préoccupé des persécutions dont il se dit victime. Ce n'est pas l'écho des révoltes du peuple, c'est celui des lamentations à jet continu de Pie X, que nous entendons retentir du haut des chaires de vérité (1).

Comme son maître, Enfantin adjure l'église de prendre position : « De ce que les nations et les royautés se meurent, tandis que l'Eglise est immortelle, vous n'en concluez pas, certes, que l'Eglise soit là seulement pour regarder passer les mourants et leur donner sa bénédiction. Est-ce que les naissances ne sont plus de son ressort ?... Est-ce que ce n'est pas elle qui doit dire avant nous : ceci est bien et ceci est mal ?... Figurez-vous donc que l'Eglise prêche l'association ; qu'elle fasse un mérite aux barons industriels comme elle en a fait un aux barons féodaux ; qu'elle leur offre le rachat de leur âme pour leurs millions consacrés à cette œuvre (l'organisation du travail) ; peut-être ne les convertira-t-elle pas tous, mais il s'élèvera du sein de nos fabriques, du fond de nos mines, de la boue des villes, des chaumières de nos paysans, un concert de bénédictions pour la bonne mère de l'ouvrier, du salarié, du prolétaire, de l'esclave du siècle. »

L'appel d'Enfantin resta sans écho. L'église officielle ne se déclasse pas. Le luxe des grands s'abrite sous sa pourpre et les palais de sa prélature ; le pauvre, lui, on ne gagne rien à l'arracher à sa misère.

Cabet en appelle à l'évangile : « Si le christianisme avait été interprété et appliqué dans l'esprit de Jésus-Christ ; s'il était bien connu et fidèlement pratiqué par la plus nombreuse portion des chrétiens qui sont animés

____

(1) Nous fumes surpris de trouver dans les plus grands journaux de l'Orient, des articles sur les prisons de la France remplies de prêtres, sur l'interdiction au clergé de célébrer la messe et de prêcher librement ; sur les religieux et religieuses, obligés de mendier leur pain, etc. Mais des souffrances plus réelles de la classe ouvrière, on n'a rien à dire.

d'une piété sincère et qui n'ont besoin que de bien connaître la vérité pour la suivre ; ce christianisme, sa morale, sa philosophie, ses préceptes auraient suffi et suffiraient encore pour établir une organisation sociale parfaite, pour délivrer l'humanité du mal qui l'accable et pour assurer le bonheur du genre humain sur la terre : il n'y aurait personne qui pût refuser de se dire chrétien (1). » L'église sait-elle seulement ce dont le peuple a faim et soif ? Cabet ne faisait que répéter la parole du Christ : « Donnez-leur vous-même à manger », brisez les barrières qui séparent votre vie de confort, de sécurité, de sa vie de dépendance et d'esclavage.

Ad. Blanqui, le disciple de J.-B. Say, attribue la décadence de l'église chrétienne à la même cause, l'absence d'esprit vraiment évangélique dans son sein : « Quand on remet dans son esprit les souvenirs glorieux des premiers temps du christianisme et les détails majestueux de cette organisation (alors) si simple et si savante, on ne peut se défendre d'un sentiment de profonde mélancolie en voyant aujourd'hui cette religion menacée d'une sérieuse décadence. Sans doute l'édifice, quoique miné de toutes parts, se tient encore debout et projette toujours sur le présent la grande ombre du passé : les offices se célèbrent, les temples sont ouverts, la hiérarchie est la même : mais quelle altération dans la ferveur des croyances ! »

Pourquoi ? « La religion n'a plus de ministres à la hauteur de ses besoins et des nôtres. » Il continue : « Aucun pouvoir n'est en mesure de se faire obéir comme l'Eglise. Il y a des questions d'économie politique qui demeureront insolubles tant qu'elle n'y mettra pas la main. L'instruction populaire, la répartition équitable des produits du travail, la réforme des prisons, les progrès de l'agriculture et bien d'autres problèmes ne recevront de solution complète que par son intervention... Ah ! si le prêtre savait aujourd'hui de quelle admirable métamorphose il pourrait être l'instrument et quelle

____

(1) Cabet : *Le vrai Christianisme selon J.-C.* Préface de 1850.

prodigieuse influence il dépendrait de lui d'exercer sur les destinées humaines ! (1) »

On le voit, comme les autres réformateurs de son temps, Blanqui, loin de voir dans la religion un émolliant plein d'embûches pour la cause, voit les dangers de l'absence d'un idéal divin ; il exprime même le vif désir de voir le christianisme marcher « à la tête de l'humanité » et non « se traîner à sa suite ».

L'appel à l'église en faveur des déshérités partit aussi parfois de la classe bourgeoise. Qui n'a lu avec émotion certains passages des « Misérables » de Victor Hugo. La scène du bon évêque est particulièrement dramatique ; aussi ne résistons-nous à la tentation de la rappeler en abrégé : après la fuite du forçat emportant l'argenterie de son hôte d'un jour, le prélat s'écrie : « Madame Magloire (la gouvernante), je détenais à tort et depuis longtemps cette argenterie. Elle appartenait aux pauvres. Qu'était-ce que cet homme ? Un pauvre évidemment. — Hélas ! Jésus ! répartit la servante, dans quoi Monseigneur va-t-il manger maintenant ? — Ah ça ! Est-ce qu'il n'y a pas des couverts en étain ? — L'étain a une odeur. — Alors, des couverts en fer. — Le fer a un goût. — Eh bien, dit l'évêque : des couverts en bois !!! Cette simplicité antique nous rappelle Antisthène ou Zénon ; non, elle n'est que l'écho de l'évangile.

Cet évêque, comme les personnages de saint Simon, de Fogazzaro, de Sheldon, etc., appartient à la fiction. Ceux qui, dans l'église, reconnaissent que la détention d'objets de luxe dont le peuple aurait le plus urgent besoin, est du vol, sont rares : cette argenterie appartient à ceux qui n'ont pas de quoi se loger, se vêtir, nourrir leurs petits enfants !

Victor Hugo, lui aussi, créa de toutes pièces un pape atteint de l'inquiétude sociale et frappé de ses responsabilités. Voici quelques-unes des paroles que le poète laïque met sur ses lèvres :

(1) Ad. Blanqui : *Hist. de l'Economie politique.* Tome I, Chap. IX.

> Quant à toi travailleur, sur qui ce fardeau pèse,
> Toi qui te sens lion et qu'on traite en fourmi,
> Ne perds pas patience et sache attendre, ainsi !
> En venir aux mains ? Non. Certes, ton droit suprême
> C'est de vivre, d'avoir du pain, d'exiger même
> Plus de salaire et moins de peine, j'en conviens ;...
> Tu dois, ferme, appuyé sur le travail robuste,
> Réclamer le paiement de tes efforts ; tu dois
> Protéger ton foyer et faire face aux lois
> Si leur sagesse fausse à tes droits est contraire,
> Et nourrir ton enfant, — mais sans tuer ton frère,
> Sans blesser la patrie et meurtrir la cité...

Ces derniers vers nous éloignent des réalisations concrètes, puisque, sans la lutte intense, le peuple ne peut espérer reconquérir ses droits.

Paradoxe énorme : un pape romain ou une église bourgeoise qui prendraient position comme le Christ, pour le relèvement du pauvre contre le luxe du riche ! Et pourtant, chaque génération nous le représente, non comme un miracle de Jules Vernes, mais comme une conversion qui serait naturelle, sainte, nécessaire.

Honneur à tous ces catholiques de cœur, qui, depuis Lamennais, jusqu'à Fagazzaro et Marc Sangnier se sacrifièrent, afin de porter jusqu'au trône suprême le cri de justice d'en bas ! Honneur à tous ces protestants, qui dans leurs églises et à leurs dépens, répandent l'évangile social ! Honneur aux Tolstoï, qui bravent l'église orthodoxe et la puissance des Tzars ! La parole de Marx : « L'émancipation des travailleurs sera leur œuvre » demeure cependant toujours vraie ; la lutte des classes se poursuit sur le terrain religieux comme sur tous les autres, car leurs intérêts sont contraires et le grand sacrifice est rare et individuel seulement, même parmi les disciples de Jésus. Aussi Paul Passy écrit-il : « Il m'a montré (Raoul Biville) que, si l'œuvre d'émancipation sociale fait appel aux hommes de bonne volonté de toute provenance, ce n'en est pas moins le prolétariat qui est l'instrument prédestiné et providentiel pour l'accomplir, et que les transfuges des classes dirigeantes ne peuvent utilement s'y associer qu'en revêtant la mentalité prolétarienne, en devenant, selon le mot de Jésus, des pauvres en esprit (1). »

Abandonné par le christianisme bourgeois, livré au matérialisme économique, le prolétariat devra se créer une église à lui, laïque et démocratique. Chateaubriand n'avait pas tort : « Il n'y a pas de véritable religion sans liberté, ni de véritable liberté sans religion. »

Il se trouva, même dans le monde israélite, des hommes qui s'étonnèrent que l'église chrétienne laissât la lumière sociale sous le boisseau. Gustave d'Eichthal gémissait de voir les institutions religieuses refuser de mettre leurs organisations d'accord avec les données de la science et de l'évolution démocratique : « L'Eglise n'aura pas besoin de chercher en dehors d'elle-même les éléments de cette rénovation : il lui suffira de se pénétrer du caractère profondément social de l'ancienne Loi (2). » Nous ajoutons : et de l'évangile.

Il suffirait à l'Eglise catholique d'être conséquente avec elle-même, pour prendre position contre le luxe des grands : en effet, dans ses couvents aux dévouements personnels admirables, elle condamne le faste et sanctionne l'excellence du communisme « l'unique voie de la perfection ; la réalisation des conseils évangéliques ». Pourquoi n'applique-t-elle pas ces tendances au monde laïque comme François d'Assise l'en suppliait ? Le Christ n'a pas indiqué deux chemins de la perfection, l'un passant par les raffinements du confort, l'autre par les renoncements du sacrifice. Il n'y a qu'une porte étroite. Les conseils du Christ sont-ils facultatifs et ne sonnent-ils pas comme des ordres formels : « Il est plus difficile à un riche d'entrer par la porte étroite, qu'à un chameau de passer par le trou d'une aiguille ! »

Isaac Pereire exhorte l'Eglise à ne pas éternellement méconnaître sa mission vis-à-vis des humbles de l'autre classe. Il ajoute : « Le jour où le clergé se mettra à la tête du mouvement social pour le succès d'une noble

______

(1) *Revue du Christianisme Social* : 1911, p. 705.
(2) *Les évangiles* : T. Ier ; Préface. Cité par l'abbé Ch. Calippe : *L'attitude des catholiques français au XIXe siècle.*

cause de civilisation et de progrès, cette cause sera gagnée d'avance. »

Un autre israélite James Darmesteter ouvrait au christianisme d'infinies perspectives d'action et de conquêtes : « Le jour où l'Eglise catholique, — par un coup d'audace qui lui est permis sans se renier, puisqu'il ne ferait que remonter à sa source, — du haut de la chaire pontificale mettra dans la bouche du Christ la parole des prophètes, elle fera un nouveau bail avec la vie et pourra reprendre, haut la main, la direction des sociétés humaines. Bien que la vie semble se retirer d'elle, elle est encore la seule force organisée d'Occident, le cœur dont les battements se feraient sentir jusqu'au bout du monde, si un sang rajeuni venait à y battre... Déjà elle s'essaie timidement à lever la voix dans le conflit des classes ; mais la fatalité de ses traditions, plus forte que son instinct, l'enferme dans un cercle de formules impuissantes et qui ne pénètrent pas. La Révolution nécessaire qui, sans changer un dogme, un rite, un geste de prêtre, changerait l'esprit du christianisme, rendrait à l'Europe un centre, un arbitre, un guide, referait de l'Eglise, devenue l'obstacle, une force de vie (1). »

M. Bourdeau, lui aussi, se fait prophète, lorsqu'il suppose que la papauté pourrait se déclasser et accepter l'autorité d'en bas : « La papauté serait même susceptible de devenir pour le socialisme un concurrent dangereux si... elle se mettait résolument à la tête de la démocratie universelle, coiffait sous la tiare le bonnet phrygien et si, par la bouche de chacun de ses prêtres, parlait un tribun du peuple (2). » En effet, en Allemagne, en Belgique et ailleurs l'église tente déjà un effort démocratique apparent. Mais le peuple sait que les flatteries, la bienveillance d'en haut ne sont pas inspirées par un désir sincère d'une révolution sociale. Presque partout, les syndicats chrétiens sont des *syndicats jaunes* qui divisent la classe ouvrière et font perdurer l'oppression patronale et le luxe des grands de la terre. Le 24 avril 1894, le cardinal de Mali-

______

(1) *Les Prophètes d'Israël*, Préface.
(2) *Le Socialisme allemand et le Nihilisme russe*, chap. II.

nes convoquait dans son palais archiépiscopal une assemblée des doyens de Belgique. Il commenta la pensée exprimée par Léon XIII dans l'encyclique « Rerum Novarum » et indiqua les moyens de combattre le socialisme : « Il n'est pas douteux que pour obtenir le résultat voulu, il ne faille de plus recourir aux moyens humains. » Et ces moyens humains consistaient dans le fait « de remonter le courant et de reprendre une à une sous des formes appropriées à notre temps, les œuvres sociales détruites par la Révolution ». Il recommanda au zèle pastoral de MM. les doyens de fonder et de faire prospérer les associations pieuses et ouvrières de tous genres : « Nul ne saurait dire *l'influence bienfaisante qu'acquerra le prêtre* qui s'occupera avec intelligence et dévouement du sort même matériel de la classe ouvrière. » — Ce n'est pas l'amélioration de ce sort des travailleurs qu'on poursuit ; le but est de faire acquérir une plus grande influence par le clergé. — Les sociétés de secours mutuels ; les cercles et maisons des ouvriers ; les habitations ouvrières ; les ligues agricoles ; enfin la création *des corporations ouvrières,* auxquelles doit appartenir la première place (1) !

Les villes de Flandre, où le clergé a pris les devants sur le socialisme véritable, sont celles où l'exploitation ouvrière est la plus révoltante. Les comtés d'Angleterre où, à coups de millions et d'œuvres de charité, la noblesse et le clergé gavent le peuple de bienfaits, sont aussi les comtés qui envoyent au Parlement des députés conservateurs et réactionnaires, ceux qui arrachent à la nation jusqu'au contrôle de ses cabarets et de ses écoles. Les contrées, comme l'Espagne, la Sicile, le Portugal, etc. où le clergé est souverain, sont celles où la misère et l'ignorance semblent irrémédiables. L'intérêt que porte le catholicisme aux miséreux est donc un intérêt de parti et n'a rien de commun avec les sentiments de celui qui versa des larmes de pitié sur la condition du peuple de son pays. Comme au temps de Xavier de Maistre, le trône et l'autel sont solidaires ; « mais, associés dans la

(1) L'*Indépendance* : 20 nov. 1911.

défaite, ils le seront aussi dans la victoire », pensait-il imprudemment.

Plus aisé serait le retour à l'évangile social du *protestantisme* avantagé par ses traditions de libre-examen et l'absence d'infaillibilité directrice. C'était tout au moins ce que pensait le comte de Bonald : « le catholicisme s'allie naturellement à l'unité du pouvoir politique, parce qu'il est un aussi, et le protestantisme penche vers la démocratie, parce qu'il est populaire comme elle et qu'il établit dans l'église l'autorité des fidèles, comme la démocratie établit dans l'Etat l'autorité des sujets. » Cette autorité des fidèles est plutôt problématique, puisque les réformistes sont souvent exclus des communautés bourgeoises.

Pierre Diéterlen et toute la phalange des chrétiens sociaux adressent au protestantisme les avis les plus pressants : « Si le protestantisme ne communique sa conscience au socialisme, c'est le socialisme qui tuera la conscience protestante (1). » Les deux consciences pourraient se fondre en une, si les successeurs des réformateurs avaient le courage de se dresser contre les crimes du capitalisme, du militarisme et du cléricalisme. Ils marchent, hélas à la remorque des pouvoirs d'en haut. Comme l'aristocratie, le protestantisme survit plus qu'il ne vit dans le peuple. L'idée démocratique creuse, l'égalité croît, le mineur est sous les châteaux et les temples anglais ou allemands, la fougasse se charge, l'étincelle révolutionnaire sera mise à la poudre, les remparts voleront en l'air et les peuples libérés entreront par les brèches. Car, les sociétés et les églises réactionnaires meurent comme les individus, ou sont laissées pour compte du passé.

« Un temps viendra où l'on ne concevra pas qu'il fut un « ordre » social dans lequel un homme comptait un million de revenu, tandis qu'un autre homme n'avait pas de quoi payer son dîner. Un noble marquis et un gros propriétaire paraîtront des personnages fabuleux, des

____

(1) *Foi et vie* : 1ᵉʳ mai 1901.

êtres de raison (1). » Un temps viendra où la complaisante neutralité des églises devant l'exploitation de l'homme, paraîtra aussi étrange aux yeux de nos arrière-neveux que ne l'est aux nôtres la complicité de la synagogue dans le martyre du Christ, l'Inquisition catholique ou l'esclavage chez les anglais protestants.

Nous avons tenu à le montrer, le socialisme, à son aurore, levait les bras vers le Divin. La démocratie, en travail d'enfantement, aspirait à l'Idéal ; elle croyait le trouver dans l'évangile. Mais les clergés, au lieu de prendre la tête du mouvement, s'efforcèrent de l'enrayer et eurent l'air d'avoir perdu « les promesses de la vie présente ». Le prolétariat aujourd'hui se défie du christianisme bourgeois ; le vœu du Christ à l'humanité n'est pas près de se réaliser : « que les hommes soient un, mon Père, comme toi et moi nous sommes un ! » La fusion des classes dans la justice, semble encore éloignée. Nous croyons pourtant que la société surmontera tous les obstacles, comme la chrysalide se dégage de sa gaine et, qu'après avoir contemplé l'infini dans le temps et l'espace, elle trouvera dans sa conscience dégagée, le sentiment du Parfait dans le Divin. Elle aura retrouvé des ailes ; elle planera au-dessus de la matière.

IX

La hiérarchie des jouissances

L'interpénétration du socialisme et du christianisme nous amènerait à trouver une hiérarchie harmonieuse dans la satisfaction des besoins de la communauté humaine (2). Nous voudrions christianiser le socialisme, nous voudrions surtout socialiser l'église chrétienne. La conscience, éclairée par les lois naturelles et divines voit

(1) Chateaubriant : *Lettre aux rédacteurs de la Revue Européenne.*
(2) Dans son enquête sur le luxe (1910-1911), « l'*Essor* » a exposé cette hiérarchie sociale des besoins humains. On la trouve aussi dans : *Der Luxus*, de C. W. Kambli et d'autres ouvrages.

haut et loin aussi dans la solution des questions économiques. Sans vouloir séparer le profane du sacré, sans subdiviser l'homme en corps, intelligence, sensibilité, âme, il est bon de spécialiser, au moins en théorie nos besoins modernes. — *a)* Nous voyons à la base de l'échelle, tout le domaine des jouissances économiques. Le socialisme s'en préoccupe avec passion, tandis que le christianisme ne semble guère s'apercevoir, que l'homme habite dans un corps animal : « *Mens sana in corpore sano.* » Cette devise semblait être celle du Christ : il s'intéressait aux corps et à l'ambiance aussi bien qu'aux âmes. Il apprenait à ses disciples à demander le pain avant même de solliciter le pardon ; il arrivait aux âmes par son souci des corps.

Le christianisme social, à la onzième heure, s'efforce d'assainir le milieu et de relever l'homme *tout entier*. Il entame résolument la lutte contre le mal social, montrant à chacun ses responsabilités, ses complicités : tu es le gardien ou plutôt le frère de ton frère ; Les deux parties du nouveau commandement sont indissolubles ; Les samaritains s'occupent d'abord de panser les blessures corporelles du malheureux et de nettoyer la route infestée par ses exploiteurs. Une démocratie populaire, nous l'avons vu, est portée à consacrer trop d'importance aux plaisirs physiques, aux divertissements. La sublime allégorie de la chute d'Adam et d'Eve sous les énivrants ombrages de l'Eden devrait lui apprendre que l'environnement de beauté et de félicité ne tuent pas en l'homme, encore très animal, les appétits malsains du fruit nocif, qu'il faut renaître autrement, pour que l'homme spirituel soit définitivement vainqueur. C'est avec regret que nous avons constaté les dépenses insensées que se permettent les Australiens pour leurs sports favoris. La voluptueuse cité antique demandait : *Panem et circenses* ; l'Australie, comme notre jeunesse souvent, sacrifierait même le pain pour une lutte de boxeurs ou une course disputée. Il y a là une déperdition de forces et un présage alarmant pour l'avenir du prolétariat lorsqu'il s'abandonne à ses passions. Par contre, nous avons remarqué avec joie, qu'à Wellington, la capitale de la Nouvelle-Zélande, la hiérarchie des besoins sociaux était mieux observée sur un point qui a son importance : l'état qui consacre chaque années des sommes conséquentes à la construction d'habitations ouvrières en pierres ou en béton, n'a pas cru jusqu'ici pouvoir loger convenablement ses ministères. L'état qui déjà a prêté 125.000.000 pour l'installation des colons pauvres, laisse ses bureaux modestement abrités sous une énorme baraque de bois. C'est l'inverse du gigantesque Palais de Justice de Bruxelles, le monument le plus dispendieux du globe, qui trône au-dessus de quartiers ouvriers misérables. C'est l'inverse aussi des monuments honorifiques que l'on dresse à grands frais aux morts plus ou moins illustres, alors que l'on n'a pas de quoi parer aux besoins des pauvres vivants.

b) Plus haut sur l'échelle des besoins d'un peuple civilisé, nous voyons volontiers les jouissances de *la vie intellectuelle* et esthétique : les écoles supérieures, techniques et autres, accessibles non aux plus riches, comme en Angleterre, mais aux plus intelligents ; les universités populaires, fréquentées après de courtes journées de travail ; les conférences graduées, les collections vraiment instructives ; les « *experimental-farms* » pour la jeunesse agricole, etc. Il devrait avoir disparu, le *servitus est obedientia fracti animi et abjecti et arbitrio suo carenti.*

c) Plus haut encore, nous voyons *les jouissances de l'âme.* Parmi celles-ci nous mettrions peut-être à la place d'honneur le loisir dominical. Nous ne pouvons nous faire au christianisme du dimanche, de bourgeois dévots qui accrochent ou décrochent leurs ailes selon qu'ils veulent planer dans le surnaturel ou ramper dans les intérêts de la terre ; mais nous protestons plus haut encore contre la tyrannie qui force l'homme à ramper sept jours par semaine ; contre la violation flagrante des lois sur le repos hebdomadaire de l'ouvrier, de la servante, de l'employé.

Non moins urgent est le loisir quotidien du prolétaire. Il est nécessaire chaque jour au recueillement individuel et familial avant et après le travail. Elles sont légion les créatures humaines qui partent à cinq heures du matin, en hiver comme en été, pour ne rentrer au foyer que le soir tard. Combien d'hommes, nos frères, pour qui le soleil ne se lève jamais, parce qu'ils sont attelés au travail matériel dans des caves ou durant la nuit ! Nous voudrions pouvoir exposer ici les avantages moraux et religieux de l'interdiction du travail nocturne dans les boulangeries, à Turin d'abord, dans d'autres villes depuis : « Je ne savais pas, s'écriait un député peu suspect de complaisance pour les travailleurs, que le soleil pût changer des criminels en honnêtes citoyens ! » Un Néo-Zélandais nous disait, non sans ironie : « Nos vrais pasteurs sont les inspecteurs du travail ; chacun d'eux empêche plus de péchés que dix pasteurs d'églises. » Si le divorce entre le prolétariat et l'Eglise bourgeoise ne s'accentuait toujours davantage, ce serait à celle-ci à pénétrer le peuple de la pensée de saint Paul, insistant sur la hiérarchie à observer dans notre luxe : « Recherchez premièrement les choses qui sont en haut, où le Christ se trouve ; pensez aux choses qui sont en haut et non à celles qui sont terrestres. » Mais la voix de l'Eglise, enfermée dans la tour d'ivoire de sa théologie ou ses sociétés de tempérance, n'arrive plus à ceux qui auraient besoin de lever la tête après une journée de travail abrutissant et trop spécialisé. — Hélas, le luxe, même nuisible, comme le goût des boissons alcooliques, est si ancré dans la masse, qu'aucun gouvernement d'Europe n'a encore osé s'attaquer au mal. On voit l'Angleterre dépenser chaque année en boissons l'équivalent de ce que lui coûta la guerre Sud-Africaine de 1899 à 1901. Le compte de l'alcool en Normandie, à Elbeuf par exemple, semble une gageure insensée, tandis que les besoins les plus pressants de la population ne sont pas satisfaits. L'Allemagne dépense plus en boissons que pour les ministères réunis de la guerre, de la marine, du travail et de l'instruction publique. Toute famille qui réduirait de cinquante centimes par jour son budget de la boisson, serait relativement riche après quelques années.

On n'a pas les fonds nécessaires pour permettre le développement des facultés nobles de l'ouvrier, mais en dix années, la soi-disant civilisation a jeté vingt-cinq milliards dans le gouffre des marines militaires, afin de maintenir la paix entre les nations chrétiennes ; en réalité dans le but d'accentuer, non la fraternité, mais les haines de race entre les enfants du même Père. La papauté, le Saint-Synode et le protestantisme n'ont pas cru devoir se souvenir de celui qui a dit : « vous avez entendu qu'il a été dit aux hommes d'autrefois : tu ne tueras point... Eh bien, je vous dis, moi : quiconque s'irrite seulement contre son frère sera passible du jugement... Mets-toi d'accord avec ton adversaire... Aimez vos ennemis, faites-leur du bien... afin que vous soyez les enfants de votre Père... » Nous avons tort de mentionner ces gaspillages matériels, le déficit spirituel qu'ils causent, mais que les statistiques ne donnent pas, les dépasse singulièrement (1). Il n'était pas inutile, pensons-nous de revenir sur la hiérarchie des besoins et des jouissances sociales, en face de ce « désordre » flagrant dans l'emploi des richesses de tous.

« Ma foi, s'écrie Tolstoï, consiste en ceci, que notre vie n'appartient pas à nous mais à Dieu qui nous a envoyés en cette vie. *L'objet* de notre foi doit donc être d'accomplir sa volonté. Or, sa volonté est que nous allions à notre prochain dans l'amour, ainsi que nous voulons être traités nous-mêmes ; en sorte que la haine et la lutte soient bannies du monde et que, à leur place, fleurissent la bonne entente et l'amour. C'est tout ! Essayez de vivre d'après cette foi et vous verrez qu'elle est la vraie foi... (2) » L'influence spirituelle se dégage de ce que *sont* les chrétiens, bien plus que de ce qu'ils *prêchent*. La société ne rentrera dans l'ordre que lorsque l'on insistera sur l'accomplissement pratique des grands principes humanitaires et évangéliques, dût-on en revenir à la simplicité du christianisme des catacombes ou des grands sacrifices librement consentis.

(1) Les apologètes des églises officielles qui blâment le *Christianisme social* des reproches qu'il adresse aux institutions religieuses ; qui chantent à l'envie leur fidélité indéfectible à l'évangile, seraient embarrassés s'ils devaient justifier l'approbation de la guerre, de la haine, du droit du plus fort.
(2) *Revue du Christianisme social* : 1911, p. 675.

X

Conclusions

Après une étude sérieuse des vices de la société contemporaine, si l'on met de côté les préjugés égoïstes de
sa classe, on ne peut échapper à la constatation suivante : la question de la distribution des richesses em-
brasse les solutions morales aussi bien que les solutions
économiques. Le christianisme social a raison d'en appeler à l'évangile social du Christ et d'en appliquer les
principes aux besoins de notre génération. M. Sylvestre
Horne s'écriait à l'Oratoire de Paris : « Nous voulons
une Eglise aussi large que l'humanité et aussi profonde
que les besoins des hommes, pour atteindre tous les
hommes. Nous voulons traduire dans des actes et des
institutions les principes de justice et de fraternité, car
nous croyons que la vie supérieure réside dans le sacrifice le plus complet, et que les principes démocratiques
de liberté, d'égalité et de fraternité ne sont pas nés avec
la grande révolution, mais dans l'étable de Bethléem. »
Ils remontent même au cœur de Dieu qui a fait toutes
choses en vue de l'entr'aide (1).

M. le Professeur Henri Bois (discours de Saint-Quentin, 1911), fait remarquer que dans le passage admirable
— I Jean IV : 11 — « si Dieu nous a ainsi aimés, nous
aussi nous devons nous aimer les uns les autres », la
logique demanderait une autre conclusion : « Nous devons
l'aimer à notre tour, parce qu'il nous a aimés le premier
et que toutes choses concourent au bien de ceux qui
aiment Dieu ». Mais un tel amour pour Dieu, serait un
amour en paroles et avec la langue, et non un amour

(1) Amiel trouve que les trois mots magiques inscrits sur tous les
monuments de France, sont bien frustes après cent ans d'usage
oratoire : « Le vrai principe humain, c'est la justice; et la justice
envers le faible, c'est sa protection ou la bonté. »

en action et en vérité. — Aimer réellement implique l'action, et l'action ne peut s'exercer qu'envers des frè-res. Quel avertissement pour l'Eglise opportuniste, qui laisse passer les siècles sans s'occuper de la seconde partie du Grand Commandement, en bénissant l'escla-vage, le servage, la guerre, le salariat, l'insolence du luxe des grands ! Ses rigueurs sont accompagnées des sanc-tions les plus sévères contre les dissidents du dogme, elle n'a qu'indulgence et faveurs pour ceux qui déchaî-nent des fléaux sur le peuple, qui l'exploitent à leur profit et souscrivent peut-être libéralement aux œuvres de charité. Le christianisme social l'a compris, sa mis-sion sociale n'est pas dans les arcanes de la théologie ou les murs des cathédrales et des temples, mais au carrefour des cités ouvrières et sur les sillons des campa-gnes. Sa place n'est pas dans la quiétude du piétisme, mais parmi ceux qui luttent contre le péché séculaire et traditionnel. « Si nous nous aimons les uns les autres, Dieu demeure en nous et son amour est parfait en nous. » Tolstoï écrivait à propos de son exclusion de l'Eglise : « Les renégats ne sont point ceux qui s'égarent à la recherche de la vérité, mais ceux qui, placés par leur orgueil même à la tête de l'Eglise, et, infidèles à la Loi d'amour, d'humilité et de bonté, ont fait œuvre de bour-reaux spirituels. » — Le lecteur se souvient de la façon dont l'Eglise traita les Sillonnistes de France et les Chré-tiens sociaux de Belgique et d'ailleurs (1). — L'esprit

(1) Mais les colonnes de l'église catholique : les de Vogué, les de Ségur, les de Mortemart, les la Trémoille, les Reille, etc., etc., richement installés à la tête des trusts, des superphosphates, de l'acide sulfurique, des chemins de fer, des sucres, des blés, etc , etc., prélèvent en toute tranquillité la dîme féodale sur l'agriculture et l'industrie françaises... C'est « l'impôt privé », perçu par une féo-dalité sur le peuple des corvéables de la roture. (Delaisi : *La Démo-ratie et les Finances*). Jamais l'Eglise ne s'est élevée contre la gestion de ses enfants d'élite. Ceux-ci semblent mettre leurs intérêts au-dessus de la dynastie catholique. Ils préfèrent à un Roi qui les mettrait en évidence, une République qui les protège en les mas-quant. Ils laissent les jeunes camelots batailler seuls pour le trône et l'autel, contre la démocratie laïque.

d'inquisition, d'intolérance est le même dans certains milieux ecclésiastiques protestants. — L'Eglise, souvent, ressemble à cet ouvrier de l'évangile qui dit au Seigneur : je vais travailler, mais que l'on ne voit pas penché sur le sillon. Le prolétariat, lui, sans l'avouer, fait le travail de défrichement que Dieu demande, empêche les guerres fratricides, arrête les haines entre nations, s'efforce de dénoncer le vice du capitalisme et le gaspillage du luxe en face de la détresse du peuple. En Nouvelle-Zélande, peu d'années lui ont suffi pour montrer son action souveraine contre les maux sociaux.

En France, l'industrie mal outillée, s'endort à l'abri de tarifs douaniers qu'elle fait hausser sans cesse. Le prix des objets nécessaires à la vie monte ; les trusts du sucre, du pétrole, des engrais, etc. le font monter encore. Les salaires sont insuffisants ; le chômage, la grève, la misère augmentent ; la criminalité s'accroît tandis que la population diminue ; une sorte de ralentissement de la vie s'empare de la nation. Quiconque, sans sot amour-propre, compare cette situation à celle des voisins du Nord et de l'Est, sent dans l'organisme un germe de décadence à la fois économique et morale. C'est que les pouvoirs du pays sont la proie de l'oligarchie parasitaire, qui, sans développer les forces vives de la nation, préfère vivre de sa substance ; c'est que les pouvoirs spirituels, les chefs des églises se désintéressent des angoisses du moment, vivent sur leur passé et voient dans l'aumône ou la société de tempérance les remèdes à tous les maux du luxe et du privilège.

D'après Jésus, le détachement du riche importe plus à l'intérêt spirituel de celui-ci qu'au soulagement temporel du pauvre à qui le Royaume de Dieu est promis (1), non que le Christ prônât le dénuement d'un Jean-Baptiste, bien au contraire (2), mais il demandait de ses disciples que leurs cœurs élargis s'ouvrissent à la Fraternité et à la justice dans la répartition des souffrances et des biens de la terre.

Le chrétien social palpite de la vie et de la douleur

(1) Alfred Loisy.
(2) Martensen, *Christliche Ethik.*

d'autrui : « Un membre souffre, tous les membres sont affectés » dans le corps social, comme dans un corps physique. Quoique Jésus et sa troupe vécussent d'une bourse communiste, nous ne disons pas qu'il fut socialiste, mais il montra aux plus aveugles quelle mentalité le chrétien doit revêtir, quelle âme il doit se faire pour être en pleine harmonie avec l'esprit du Maître et travailler utilement au relèvement collectif de son pays : Cherchez premièrement la justice et le Royaume de Dieu... (1). Le chrétien social « regarde à Jésus » mais il croit que cette parole veut dire : regarder aux frères, les regarder comme les regardait le Christ, comme un vrai socialiste doit les regarder s'il est imbu du principe : « Tous pour un, un pour tous. » « J'identifie absolument Jésus au peuple, c'est le symbole, l'image de ses peines physiques et morales ! Que de fois, en errant dans les faubourgs parisiens à l'époque des petits termes, ai-je vu des expulsions, et quand le propriétaire, assisté de l'huissier et du commissaire, jetait dehors les quatre bois du populo et que ce dernier s'attelait aux brancards de sa bagnole pour les emporter, j'ai reconnu le geste héréditaire de la mise en croix, et sur la face tirée du pauvre le masque douloureux de Jésus qui y montait. » On n'est pas chrétien lorsqu'on accepte la division de notre race en deux castes dont l'une exploite l'autre.

Nous ne savons quel philanthrope ne pouvait percevoir le grincement des machines sur un vapeur sans songer au grincement de la douleur humaine. Comme lui, nous sentîmes toujours dans la trépidation incessante des engins, — nuit et jour : prrrch, prrrch, prrrch, — un écho du travail forcé et sans joie, sans intérêt personnel, de millions de nos semblables. Mais la mélopée lamentable, le soupir toujours le même des engrenages d'acier n'affecte pas ceux-ci comme la machine capitaliste atteint l'être humain dans ses forces vives : des ingénieurs experts sont aux petits soins avec les rouages compliqués, l'huile fine n'est point ménagée, afin de prévenir tout douloureux frottement, toute fatigue. Pour les hommes, nos frères, les conservateurs bourgeois ont

____

(1) Matth. : 6, 33.

à peine une parole de vague promesse ; devant eux, les
conservateurs prêtres et lévites passent leur chemin ;
pour les ouvriers, les rapports annuels des sociétés anonymes n'ont pas une ligne de pitié ; si ces rapports dai-
gnent mentionner le travailleur, c'est pour se féliciter de
la diminution des salaires, ou pour déplorer l'accroissement des frais de revient : le sort de la machine chair et
cerveau ne regarde personne ; on la remplace sans frais.
— La machine du bateau n'a pas d'enfants à nourrir ;
l'ouvrier, au moins dans certains pays, trouve dans sa
progéniture sa rente la plus assurée. — La machine
acier s'arrête lorsque le maître cesse de l'alimenter convenablement, la machine-entraille redouble sa plainte et
le patron reste sans entrailles pour elle. — Si on cessait
de l'abreuver, la machine-acier exploserait contre ses
maîtres négligents ; le prolétariat, qui a soif de tant de
réformes ne peut se révolter, ni éclater en bombe sur
ses exacteurs, ou sur les banquetteurs qui lui font venir
l'eau à la bouche. — La machine, même mal nourrie, ne
sentirait pas le gaspillage fait à ses dépens par les dissipateurs, mais le peuple sait ce que lui coûte de sueur
un repas princier. — La machine ne lève pas le poing
contre le ciel muet en apparence, étranger aux affres
sociales. La soupape de sûreté la soulage automatiquement. Elle a sa sirène d'alarme du côté du ciel. La
plainte du délaissé n'arrive ni au Parlement ni au temple des représentants de Dieu. — A considérer la société
dirigeante, on croit voir un mécanicien, qui ne s'occu-
perait que des décors, des cuivres de parade, et abandon-
nerait les grands pistons moteurs, les chaudières, où la
vapeur distendue soulève un monde de son puissant soupir. Qui nous apprendra à regarder en face la question
sociale ? Qui vrillera dans nos cœurs bouillonnants, la
solidarité entre les membres de la famille humaine ? Le
Christ ne nous a-t-il pas assez demandé d'embrasser la
lourde croix des autres, à pleurer sur leurs fardeaux,
si nous ne pouvons les en décharger ! Soyons au moins
bons, tout simplement, toujours, comme l'herbe est verte,
comme l'arbre ombrage, comme la violette parfume,
comme chante l'oiseau.

TROISIÈME PARTIE

Résumé des objections courantes

C'est en vain que les sociologues s'évertuent à prouver combien le luxe est nuisible. La société des possédants croit volontiers à ce qu'elle aime, c'est-à-dire à l'utilité souveraine des injustices actuelles. Reprenons en détail les six arguments par lesquels on fait l'apologie de la prodigalité des grands.

I. *Le luxe accroît les salaires !* — Loin de contribuer à la hausse des salaires, le gaspillage y met obstacle. Sismondi écrit : « Si tout à coup, la classe riche se décidait à vivre de son travail comme le pauvre et à ajouter tout son superflu à son capital, les ouvriers seraient réduits au désespoir ! (1) » Sismondi oublie que pour transformer le revenu en capital, il faut d'abord le dépenser en machines, en améliorations agricoles etc., et qu'ainsi le riche donnerait de l'ouvrage à autant d'ouvriers qu'en achetant des choses inutiles. — Rousseau lui-même croit que « le luxe peut être nécessaire pour donner du pain au pauvre ». Il ajoute, il est vrai : « Mais, s'il n'y avait pas de luxe, il n'y aurait pas de pauvres. » — Quand la rémunération des travailleurs s'élève-t-elle ? Lorsque le capital s'accroît plus vite que le nombre des

(1) *Nouveaux principes d'Economie politique*, t. II, ch. III. Cité par M. de Laveleye. C'est à celui-ci que nous emprunterons plusieurs pensées de cette troisième partie.

ouvriers ou, comme le dit si bien Cobden, lorsque deux maîtres courent après un ouvrier. Or, pour que deux maîtres puissent se disputer un ouvrier sur le marché du travail, il faut que chacun d'eux se soit formé un capital par l'épargne, c'est-à-dire par des retranchements au luxe dissipateur. — Sans doute, le changement ne peut s'opérer brusquement, sans faire tort à certains producteurs de colifichets, comme on ne peut construire un chemin de fer sans léser les voituriers, mais le danger n'est pas là ; il est dans la lenteur des dirigeants à faire rentrer l'excès de fortune de quelques-uns dans le domaine public. Il en est de même pour la suppression du petit commerce auquel on substituerait les coopératives. Celles-ci empêcheraient une déperdition de forces qui se chiffre chaque année par des milliards ; elles seraient une arme morale de première valeur pour remplacer la concurrence et la haine par l'entr'aide et le secours mutuel. Mais la puissance politique du petit commerce, comme celle du banquier et du cabaretier, semble intangible pour le moment.

Il est étrange de voir la sollicitude bourgeoise se porter subitement vers les ouvriers, lorsqu'on propose des réformes qui pourraient nuire momentanément à la bourgeoisie. Est-ce que, sous le régime actuel, personne s'est jamais soucié des expropriations de métiers, imposées par la mode, le caprice ou l'invention d'une machine perfectionnée ?

La société future ne supprimera pas, elle, les rideaux de Saint-Gall, le tissage de la soie, la sculpture sur bois ou l'industrie des hôtels, sans s'intéresser aux ouvriers de la Suisse, qui se trouveraient lésés dans leurs intérêts les plus légitimes. Flürsheim, l'émule d'Henri George, consacre une page remarquable au luxe (1), montrant combien nos moyens de production sont peu logiques. L'intérêt de l'ouvrier exige que l'on détruise le plus possible de valeurs acquises ; que le travailleur sabote son ouvrage, c'est-à-dire travaille aussi mal et aussi lentement que possible ; si l'ouvrier avait le malheur d'épargner,

(1) *Auf friedlichem, Wege*, p. 154-155.

le patron bientôt, diminuerait son salaire ; s'il avait autour de lui une famille nombreuse, le travailleur élèverait à grands frais les supplanteurs qui l'arracheront à son métier avant l'âge de vieillesse, etc. « N'est-il pas étrange, ajoute l'auteur, que pour aider les ouvriers, il faille les détourner de tout ce que nous considérons comme sensé et honorable et que la pratique de la morale, de l'épargne, de la sobriété ne puissent qu'amener des crises économiques ? »

II. *Le luxe fait progresser l'industrie !* — Les progrès de l'industrie dépendent de l'accroissement du capital et le capital naît de l'épargne et non du luxe infécond. Les gaspillages, qui sont le contraire de l'épargne, loin de favoriser, arrêtent l'essor des fabriques. Pour créer de nouvelles manufactures et employer plus de travailleurs, il faut mettre un frein aux dépenses stériles. Sans doute dans les pays très riches, le luxe n'empêche pas absolument l'accroissement du capital disponible, parce que le revenu national est assez considérable pour suffire aux deux (1). A côté des cigales qui dissipent, l'Angleterre a ses fourmis qui amassent, mais, en Espagne, en Portugal, par contre, tout l'avoir national passe en fumée et les industries qui rapportent le plus sont entre les mains de l'étranger qui envoie dans sa patrie l'or des bénéfices, comme le font les vaillants Chinois dans les colonies anglaises.

Un jour, des dames anglaises, visitant Bruxelles, s'extasièrent sur les dépenses de luxe du roi Léopold, aux frais de la nation : quel bienfaiteur du travail ! Nous engageâmes ces dames si prodigues des deniers publics, à placer la fortune de leurs enfants dans les palais royaux, mais nous avouâmes que nos préférences iraient plutôt à des placements utiles : Rachat des terres et des usines, construction d'un hôpital ou d'habitations ouvrières, etc. Elles ne saisissaient pas ce qu'il y a de criminel à détourner les biens du travail de leur destination première, alors que la population manque du nécessaire.

(1) Le revenu de l'Angleterre dépasse quarante-cinq milliards (Lloyd Georges).

III. *Le luxe fait marcher le commerce !* — L'oncle de J.-B. Say n'avait-il pas raison de casser les verres de sa table après ses repas « pour que tout le monde vive ? » Néron n'avait-il pas raison de se délecter en contemplant à ses pieds une capitale en flammes ? Le souvenir des ruines de Paris en 1871 nous fait encore frémir. Aux yeux du grand nombre, il faudrait bénir la torche incendiaire. Le luxe destructeur alimente le commerce, puisqu'il faut racheter tous les objets disparus ! Ce pasteur chrétien avait-il tort lorsque nous l'entendîmes remercier Dieu après la destruction de Messine, pour le renouveau de vie qu'un lendemain de catastrophe apportait au travail et au commerce ? Cette reine du bal déchire dans les tourbillons de la valse un volant de dentelles qui coûte 10.000 francs et équivaut à 50.000 heures d'un labeur à crever les yeux. La création et l'anéantissement de cette jupe ne sont-ils pas les œuvres pies de la haute société, toujours préoccupée du bien-être des humbles ?

Nous répondons, avec M. de Laveleye, que l'économie sociale est la science de la production et non de la destruction. Bastiat invite le sociologue à bien distinguer entre ce qu'on voit et ce qu'on ne voit pas : ce qu'on voit, c'est la joie du marchand ravi, et peut-être de l'ouvrière qui remplacera ce qui a été gaspillé ou détruit ; ce qu'on ne voit pas c'est un autre marchand, c'est une autre ouvrière qui eussent trouvé des bénéfices utiles, avec l'argent que l'on jette aux premiers. Lorsque l'oncle de J.-B. Say cassait ses verres, il faisait marcher le commerce des marchands qui lui en procuraient d'autres. Mais si le vieux dissipateur n'avait pas fait cette dépense, il eût pu acheter des objets utiles, et les ouvriers eussent pu créer d'autres richesses, que les marchands eussent vendues. L'avoir de l'oncle s'en serait accru, celui du pays aussi. Avec l'argent qu'il fallut pour rebâtir Rome ou Paris, on eût pu construire des routes, des ponts, des cités-jardins. Rome et Paris eussent gardé leurs monuments et l'humanité eût possédé d'autres trésors. Et pour les meubles détruits à Messine, demandons-nous si la Sicile et la Calabre possédaient trop de lits, de tables, de chaises, de couvertures, d'ustensiles de ménage, etc. Il y en avait peu avant la catastrophe, il y en a moins encore aujourd'hui. L'incendie n'a pas créé l'argent nécessaire pour de nouveaux achats. Or, nous avons vu de nos yeux ces populations siciliennes se nourrir des racines des arbres dont leurs chèvres ne voulaient pas, alors que l'afflux de l'or concentré entre quelques mains permettait aux princes de la finance, à la très catholique noblesse de Palerme, de jeter les millions sur l'autel du Mammon d'iniquité, alors que les dividendes des mines de soufre étaient gaspillés dans le West-End de Londres. La dame aux dentelles fait marcher le commerce, mais si elle restreignait son luxe, ce ne serait pas, en apparence, pour jeter cet argent à la rivière. Elle en tirerait profit, ne fût-ce qu'en prenant quelques actions de tramways, c'est-à-dire en construisant quelques mètres de la voie dont les ouvriers, l'industrie et le commerce profiteraient. La somme, détournée des folies du luxe et consacrée à des dépenses fructueuses, entretiendrait le même nombre de travailleurs et de commerçants.

IV. *Le luxe fait vivre l'Eglise.* — L'influence du luxe est-elle si bienfaisante pour le christianisme, que celui-ci doive continuer à le soutenir, à le bénir ? Nous ne pouvons discuter ici la répercussion budgétaire des réformes sociales sur la foi et l'ardeur des chrétiens au service de leur Maître. *L'Eglise officielle de Jérusalem* était très riche ; les grands et les puissants lui étaient dévoués, mais elle mit en croix le Christ que suivaient les foules sans pain : « Cette populace est exécrable », s'écriaient ces grands et ces puissants devant la séquèle de Jésus. *L'Eglise primitive* chrétienne était fière de ses institutions démocratiques, comme de la pauvreté des membres de la communauté : « Voyez, mes frères, comment vous avez été appelés : il n'y a pas parmi vous beaucoup de sages, comme on les appelle, ni beaucoup d'hommes influents ou de haute naissance... Oui, ceux d'une condition inférieure, les méprisés, Dieu les a choisis ; ceux qui n'étaient rien ; pour réduire au néant ceux qui étaient quelque chose (1). » L'Eglise primitive avait de qui tenir ; le sang de celui qui était humble de cœur, qui travailla pendant les trente-trois années de sa vie, qui était venu *pour servir*, pour mourir s'il le fallait en vue du salut de l'humanité, coulait bouillonnant dans ses veines. L'Eglise primitive suivait celui qui n'avait pas où reposer la tête, mais qui avait le courage, lui, de renverser les tables des usuriers et de chasser les vendeurs du temple : « Vous en avez fait une caverne de voleurs ! » Quelqu'un a remarqué non sans ironie, que l'Eglise romaine avait précieusement conservé et enchassé les reliques les plus invraisemblables du Christ, depuis le lait et les cheveux de sa mère, ses langes, ses cheveux, jusqu'au sang de la croix et aux épines de la couronne, mais que, nulle part, on ne montrait le fouet de cordes dont un fil devrait se trouver dans chaque église... — *Les Réformateurs chrétiens* ont tous constaté que les églises les plus pauvres étaient aussi les plus fidèles : Saint-Bernard de Clairvaux se plaignait que les calices de bois entre les mains des prêtres d'or, avaient fait place aux calices d'or tenus par des prêtres sans valeur spirituelle. Jamais aucun pamphlétaire n'a flétri le luxe des couvents, comme ce Docteur, Père de l'Eglise, stigmatisa le luxe des abbayes Clunisiennes et des prélats de son temps. Les temples de la *Réforme protestante* étaient pauvres, sauf en Angleterre, où le luxe des cathédrales protestantes est une calamité religieuse et appelle les vêtements de brocard et de pourpre. *Les Fraternités anglaises,* qu'un souffle de Pentecôte entraine vers les solutions socialistes, sont des institutions pauvres, mais bénies. Leurs modestes budgets sont toujours aisément bouclés, sans collectes chez les riches, sans capitulation devant de puissants protecteurs. Chacun s'efforce d'imiter Paul dans le travail pour sa subsistance. Bien des *paroisses catholiques* de France se relèvent, là où le curé, privé de traitement, est redevenu un homme semblable aux autres hommes, gagnant honorablement sa vie, comme horloger, artiste, imprimeur, relieur, tenneur de

(1) I Corint. : I ; 26. Voir Jacques : II ; 1.

livres, etc. *Les collectes* de certaines églises ne montrent-elles pas, que ce sont les fortunes modestes et non les millionnaires qui réussissent à trouver dans leur nécessaire un superflu pour le culte de leur choix ? Au point de vue spirituel, le Christ préférait voir tomber dans l'escarcelle du Temple la pithe de la pauvre veuve que les talents d'or du riche. Les Australasiens, les Américains, les dissidents anglais donnent largement pour leurs églises *de leur nécessaire* et gardent cette indépendance dont ils sont fiers à si juste titre. Par contre certains bazars de charité, certains expédients pour battre monnaie, les tombolas, la concurrence déloyale de certains monastères commerçants (refuges, orphelinats, trappes, etc.), nous semblent donner des résultats qui sonnent comme « la cimbale retentissante » de Paul ; mais, sans l'amour, sans la justice tout au moins, ils ne sont rien aux yeux de Dieu et ils sont parfois odieux aux hommes. La cathédrale de Monaco est riche, la musique y est remarquable le dimanche, mais les subventions de la roulette ne sont-elles pas le Mammon d'iniquité ? L'argent reçu de cette source, n'a-t-il pas la couleur du sang, n'est-il pas imprégné de péché et de larmes ? C'est l'argent du luxe malsain qui alimente un culte mondain : « *Il brille quand même* », dit-on. Nous croyons qu'elles sont plus chrétiennes, les œuvres qui refusent les subventions d'un Rockefeller ou du pari mutuel, car le Christ fulminait contre le luxe et nous devons marcher sur ses traces, si nous voulons porter le nom de chrétiens. Enfin, le Christ s'est élevé contre les souscripteurs qui donnent *afin que leur nom soit exalté,* que leur générosité soit appréciée ; combien plus noble est l'attitude des églises qui ne publient pas les noms des donateurs (1). Puissent les églises y regarder toujours de plus près et ne pas se souiller au contact de l'or mal acquis ou prelevé sur les salaires et la souffrance ! Cet argent soutient l'Eglise

---

(1) Le contrôle des souscriptions se fait par la publication du numéro des reçus. C'est ainsi que chez Georges Muller, Hudson Taylor et d'autres, on tenait compte de l'évangile : « Que ta main droite ignore ce que donne l'autre ! »

comme la corde soutient le pendu, pour hâter sa mort et achever de discréditer le christianisme aux yeux des masses conscientes. Les anathèmes bibliques contre la richesse individuelle s'appliquent aussi aux communautés chrétiennes : « Et maintenant à vous, les riches : gémissez sur les malheurs qui vous attendent ! Vos richesses sont pourries ! Vos étoffes sont mangées aux vers ! Votre argent et votre or sont tout rouillés ! Cette rouille sera une preuve contre vous et comme un feu elle mangera vos chairs ; Vous avez amassé des trésors pendant les derniers jours ! Eh bien ! Le salaire des ouvriers qui ont moissonné vos campagnes et dont vous les avez frustrés, crie, et les voix des moissonneurs sont venues jusqu'aux oreilles du Seigneur. Vous avez vécu dans les délices sur la terre, vous avez joui, vous vous êtes repus. » (Jacques : V, 1). Prenons exemple des grandes coopératives, socialistes, anglaises, belges et autres qui, parties de rien, se sont développées par l'épargne. Apprenons même des couvents l'art de faire fructifier l'a gent par la suppression du luxe en vue du bien-être général de la communauté. Laissons au monde le soin d'exploiter l'amour-propre, la vanité qui se glissent jusqu'à l'autel du sanctuaire et dans les budgets des œuvres missionnaires.

Qu'on nous permette d'adresser aux Eglises, le touchant appel de Lamennais, que Rome a banni de son sein, comme on chasse de la famille un enfant prodigue : « Comprenez bien quelle est votre tâche sans quoi vous échoueriez toujours. Ce n'est pas de vous faire un sort meilleur, car la masse resterait également souffrante. Le bien et le mal subsisteraient en même proportion. Ils y seraient, quant aux personnes distribués différemment, l'un montant l'autre descendant et ce serait tout.

Ce n'est point de substituer une domination à une autre domination. Qu'importe qui domine ? Toute domination implique des classes distinctes, par conséquent des privilèges par conséquent un assemblage d'intérêts qui se combattent et, en vertu des lois faites par les classes élevées pour s'assurer les avantages de leur position supérieure, le sacrifice de tous ou de presque tous à quelques-uns. Le peuple est comme l'engrais de la terre où ils prennent racine (1). »

V. *Le luxe fait circuler l'argent*. — Notre monnaie est frappée en rondelles, afin de symboliser (à l'inverse de la monnaie chinoise), un roulement rapide du précieux métal. Cette circulation par elle-même n'a rien de profitable à la société. Elle permet parfois aux doigts habiles et collants d'en saisir au passage plus que de raison. Nulle part l'argent ne circule plus lestement que sur le tapis vert de la roulette, sur les champs de courses ou dans les couloirs de la Bourse. Il passe souvent d'une poche dans une autre sans profit pour la communauté. Ce qu'il importe de voir dans la question du luxe, c'est, si, en circulant, l'argent a satisfait aux vrais besoins de l'homme ou si, au contraire, il a donné naissance aux inutilités que réclament la sensualité, l'ostentation ou la frivolité. Un feu d'artifice de cent mille francs fait circuler vingt mille écus; cette somme reste dans le pays, mais la contre-valeur, la poudre, les produits chimiques (qui eussent pu servir à extraire des minéraux, à creuser des tunnels, etc.), est détruite pour l'amusement des badauds et les profits du cabaretier. Bien plus grave est la déperdition, lorsque l'argent, en circulant, prend le chemin de l'étranger pour ne plus revenir au pays où les travailleurs l'ont créé, comme c'est le cas pour les nations cléricales et arriérées du Midi de l'Europe. Hélas, en circulant, les filets d'or comme les filets d'eau ont une tendance à rouler vers la mer d'abondance et à y rester. Sous le régime de l'accaparement, malheur aux petits, aux faibles ; leur avoir descend tout naturellement dans les coffres de la haute finance et les cartels des trusts. Nos voyages par tous les pays du globe nous ont appris que les statistiques sur le nombre des adeptes des différentes religions sont inexactes. Il n'y a, au fond des cœurs, *qu'une religion de l'humanité*, le culte de l'or. Sauf de rares et précieuses exceptions, la première

(1) Lamennais, *Le livre du peuple*. « Qu'il croisse et que je diminue ! » disait du Christ le Baptiste. Que le peuple croisse et que ma tutelle devienne inutile ! Tel devrait être l'ambition des clergés.

préoccupation d'un chrétien, d'un israélite, d'un bouddhiste, d'un musulman, d'un fétichiste, c'est d'attirer dans ses canaux le flot du métal convoité. L'or est le seul Dieu devant lequel l'être tout entier baise la poussière ; le seul roi du monde qui gouverne et ne règne pas. Non pas comme métal circulant, c'est entendu, mais comme moyen de domination, de supériorité de confort personnel et familial. L'or, rien que l'or ! En avoir un tas assez considérable pour être à jamais à l'abri, se sentir indépendant et mettre les autres sous sa dépendance ; tels sont les vœux les plus chers de la masse sous le régime actuel.

VI. *La misère est incurable.* — Les prolétaires, dit Baudin, se plaisent dans leur saleté, dans leurs taudis et dans les ténèbres de leurs caves ; *ils n'en veulent pas sortir !* Allez voir l'Irlande : le comte de Meath avait fait construire de jolies habitations pour ses tenanciers. Ils eurent tôt fait de transformer en porte la fenêtre du petit salon, parce que les porcs ne pouvaient enjamber celle-ci. Les servantes ne voudraient consentir ni à prendre leurs repas avec les maîtres, ni à causer avec les « Herrschaften », ni à être traitées en amies et collaboratrices par la patronne...

La voilà l'objection suprême qu'oppose le luxe aux réformes sociales ! Le prolétariat ne veut pas se relever de sa dégradation ! En réalité jamais l'envie et la haine n'ont été plus réelles et plus justifiées par l'injustice du sort et des hommes. Loin de se complaire dans la dépendance et l'abjection, le manant réclame la liberté effective. Loin d'admirer béatement le luxe dissipateur du châtelain, le paysan est las de creuser des trous pour les combler, de verser éternellement ses sueurs dans le tonneau des danaïdes. C'est en montrant le poing, qu'après une saison de disette, il va emprunter de l'argent parce que le propriétaire doit demeurer indemne des calamités naturelles. Le peuple exige que son travail soit profitable, et le mot d'Aristote ne peut qu'être répété au xxe siècle : « L'inégalité est la source de toutes les révolutions ; faites que même le pauvre ait quelque héritage. »

QUATRIÈME PARTIE

Vers une Société nouvelle

I

La Guerre

Loin de se résigner à son sort, le peuple est décidé à répondre *aux guerres bourgeoises*, déchaînées sur le monde pour satisfaire des ambitions dynastiques, fratricides ou financières, par une autre guerre devant laquelle les Eunus, les Salvius, les Athénion, les Spartacus reculeraient : *la guerre sociale universelle*, la guerre des classes. Le peuple s'assemble, s'arme en croisé pour la conquête du tombeau de ses droits, pour la cause sainte de la rédemption de ses enfants. Le peuple ne s'embarrasse plus toujours de scrupules exagérés sur la tactique à suivre ; il y a dans la lutte des passes chevaleresques et des bottes perfides ; le peuple emprunte la cuirasse et le javelot de ses maîtres et modèles : la bourgeoisie dynamite les ponts, jette des bombes du haut des ballons, enlève les rails devant les trains, coupe les conduites d'eau ou d'électricité, aussi les vivres des femmes, des vieillards et des enfants, elle fait sauter les bâtiments et les redoutes de l'ennemi, détruit ses communications ; le peuple l'imite La bourgeoisie fusille les traîtres, exécute les coupables, excuse les duels et les crimes passionnels ; le peuple l'imite. La bourgeoisie sanctionne même les tueries en masse des prisonniers (Gallifet n'est pas oublié !), le peuple l'imite-t-elle ? Espérons qu'il ne reprendra pas les méthodes de ses conducteurs spirituels, de la Sainte Inquisition, des massacreurs, de la Saint-Barthélemy et de l'Irlande, ou des procès de sorcières et de Juifs ! Comme les esclaves de l'antiquité, la plèbe, toujours sacrifiée au vainqueur de l'or, secoue bruyamment ses chaînes en hurlant derrière l'exploiteur abhorré :

Respiciens post te, hominem memento te !

Les analogies entre la guerre bourgeoise et la grève ouvrière sont frappantes. Celle-ci comme celle-là est laborieusement préparée. L'entrée en campagne est brusque et soudaine, l'ultimatum est souvent de vingt-quatre heures ; les hostilités se poursuivent de part et d'autre avec acharnement.

Les syndicats sont tous ennemis de la peine de mort, ils sont antimilitaristes et pacifistes par définition et cependant, pendant la guerre ils se servent du « frère browning », ils exigent de leurs troupes une soumission aveugle, une discipline de fer, l'abnégation complète de l'individu aux exigences de la cause.

Comme son ancêtre, la plèbe lève le poing *contre les dieux* et tourne le dos aux clergés qui, dimanche après dimanche, consacrent les cultes à de béates études sur Abraham et Eliézer, son serviteur, sur Sara et sa servante Agar ; à des discussions apologétiques sur la concordance des textes ; à l'apothéose des églises du passé et de leurs œuvres présentes ; à de vagues réflexions morales, excluant volontairement tous les sujets qui devraient passionner la conscience chrétienne actuelle. Le peuple se sait abandonné par les églises et, les trouvant sur son chemin avec le capitalisme, il les englobe dans sa haine de l'oppresseur (1).

(1) Voir sur ce sujet : *La fin d'un Christianisme*, de M. Wilfred Monod.

Lorsque le feu est à la maison et que des milliers de membres de la famille y périssent ; lorsque crimes et atrocités sociales se commettent et se perpétuent ; lorsque les âmes se perdent innombrables, c'est la révolte qu'il faudrait éveiller dans les cœurs bouillonnants des disciples du Christ. Mais le prêtre et le lévite passent et par leur indifférence, empêchent les samaritains de bonne volonté de se pencher sur les plaies du peuple de Dieu et d'attaquer les détrousseurs. Bien rares sont les églises, où, entre les chants et les actions de grâces du culte, on se livre à la veillée des armes, à des enquêtes sur l'iniquité où on se partage le travail de sauvetage, où l'on court au plus pressé, en attendant la victoire espérée des forces prolétariennes sur le capitalisme officiel.

Elle était étrange la scène familiale que nous vîmes un jour en rêve. Dans un salonnet cossu, bien éclairé, bien chauffé ; dans une pièce enjolivée par tout ce que l'art, le goût raffiné, l'or de bon aloi peuvent accumuler de merveilles, une table succulente était abondemment servie ; la nappe de neige disparaissait sous les fleurs et les mets savoureux ; les vins des grands crûs coulaient dans des coupes cristallines... Là, *trônait le Riche !* Incrusté dans son fauteuil moelleux, son havane aux spirales légères à la bouche, son moka au kirsch aux lèvres, le riche était satisfait, murmurant : Que la vie est douce à couler, que Dieu est bon !

Dans la pénombre et le froid de la nuit, nous vîmes surgir des grelotteux, la foule fiévreuse que dégorgeait la sombre grille de l'usine ; des affamés de tous âges, de tout sexe, des sans-travail jetés brusquement au trottoir à l'entrée de l'hiver. Longtemps ces malheureux contemplèrent, résignés, le cercle enchanteur qui encadrait le maître. Puis, sous les affres de la faim, leurs mains décharnées, crispées par l'envie et la colère, se pressèrent par les fenêtres grillées. Nous crûmes revoir, en Europe, les bras des prisonniers demi nus de l'Orient, tels qu'ils se tendent suppliants en un geste désespéré, vers le touriste qui va là comme on va flâner au jardin zoologique. J'entendis retentir les cris, les hurlements de révolte autour de la demeure du riche impassible, inconscient. Nous crûmes comprendre au milieu des vociférations : *Ne sommes-nous pas les frères et les sœurs ?* Ne sommes-nous pas les fils et les filles du même Père divin, de la même Mère-nature ? Laisse-nous, comme des chiens recueillir sous la table les miettes de ton abondance ! *N'est-ce pas nous qui avons produit tous les biens* dont tu t'es emparé en rognant sur nos salaires, en augmentant le prix des denrées ? Jette une aumône de ton luxe superflu aux frères de ton sang !

Le riche, gavé, semblait ne pas voir ne pas entendre ; comme son coffre-fort, sa sérénité était blindée contre la « sentimentalité » ; toute pitié pour les manants de la « basse » classe était bien éteinte dans sa conscience. Les pierres elles-mêmes de sa demeure eussent crié justice, qu'il ne s'en fût pas aperçu ; pourquoi partagerais-je mon patrimoine ? J'ai exploité mes machines comme tout le monde, l'Etat comme l'Eglise me rassurent ; la propriété est sacrée, la police et l'armée sont à mon service ; je fais des aumônes surabondantes ; « je me suis construit des greniers, je les ai emplis de richesses ; bien sot qui penserait « cette nuit même mon âme peut m'être redemandée ». Il s'endormit du sommeil des justes, sans peur comme sans reproches.

Cependant, de la foule des traine-guenilles nous vîmes surgir quelques hommes conscients et courageux : *unissez-vous, camarades,* clamaient-ils toujours plus haut ! Nos pères nous ont laissé comme héritage l'asservissement de notre classe, léguons à nos enfants l'affranchissement et ils nous béniront ! Tous ensemble jadis, les frères de misère ont attaqué et démoli la Bastille des nobles et du clergé ; tous ensemble « un pour tous, tous pour un » nous renverserons les bastilles bourgeoises ! Pas de collaboration des classes ! On ne demande pas son droit, on le prend ! Bientôt les barreaux ébranlés cédèrent sous la poussée ; avec un fracas épouvantable, la demeure du riche, secouée comme si la terre entière avait tremblé, s'ébranla, chancela, s'effondra et « la ruine de cette maison fut grande. »

Nous nous réveillâmes, glacés de terreur, et cependant, sous l'impression que l'avenir ne pourrait être pour la famille humaine plus odieux que ne l'avait été la période qui prenait fin ; nous comprîmes que si jamais l'usage de la force était justifié, c'était pour une cause aussi sainte que la Fraternité ; que l'emploi du fouet du Christ était nécessaire, si on voulait purifier la maison du Père ; qu'après dix-neuf siècles de christianisme plutôt théorique, il était temps de préparer la Cité de Justice et de Paix sur notre planète.

A côté des militants criant : « Unissez-vous, camarades pour la guerre de classe », nous perçûmes aussi les tendres conseils des modérés : « Continuez, camarades, à compter sur *une harmonieuse collaboration de classes !* Pas de violences ! Ne troublez pas la quiétude du riche ! » Bientôt peut-être se fera-t-il chrétien social ! Revenez-en à l'entente qu'espéraient conclure vos pères de 1848 avec la bourgeoisie et le christianisme traditionnel ! Mais nous comprîmes que cette collaboration entre le loup armé et les agneaux tondus ne serait possible que le jour où la Cité de justice du Christ se concilierait avec le Mammon d'injustice ; le jour où l'on réussirait à servir deux maîtres aux principes et aux intérêts diamétralement opposés. Jésus croyait que l'amour de l'un impliquait la haine de l'autre, les modérés, bourgeois et chrétiens, sont d'un avis contraire. Soixante années d'une inlassable résignation ont prouvé au peuple, que le Voyant de Nazareth n'avait pas tort (1).

La loi fut proclamée, nous dit-on, au sein de la foudre et des éclairs ; l'Amour fut cimenté dans le sang du

(1) La voix des modérés faisait retentir encore le vieux cliché de l'évangile : « Rendez à César ce qui revient à César, *respectez*, camarades, *l'autorité établie !* » Mais le peuple répondait : « César, c'est moi désormais ! » Le Christ n'a pas essayé de soulèvement contre César parce qu'il ne le pouvait pas, mais il a prêché la démocratie, et, dans la primitive église, les apôtres étaient soumis aux chrétiens, envoyés par eux en mission, obligés de rendre des comptes au retour, les élections se faisaient au suffrage universel, etc. L'autorité réside dans la volonté du peuple, de ceux qui produisent tous les biens. La voix des modérés rappelait aussi la parole du Christ à deux capitalistes se disputant une succession : « Qui m'a établi juge de vos différents ? » Comme si elle impliquait toujours la neutralité entre le crime et la vertu, le bien et le mal, l'oppresseur et l'opprimé.

martyre, la Justice triomphera-t-elle sans commotion
violentes ? Quand viendra-t-il le jour du Prince de la
Paix, de la grande Paix ?

Le loup habitera avec l'agneau et la panthère se couchera avec le
Et un petit enfant les conduira...   [chevreau
Et l'enfant sevré mettra sa main dans la caverne de la vipère.
On ne se fera plus ni tort ni dommage
Sur toute montagne sainte.
La terre sera remplie de la connaissance de l'Eternel.
Car je vais créer de nouveaux cieux et une nouvelle terre.
On ne se rappellera plus les choses passées...
Car je vais créer Jérusalem pour la joie
Et mon peuple pour l'allégresse.
On n'y entend plus le bruit des pleurs et le bruit des cris.
Ils bâtiront des maisons et les habiteront ;
Ils planteront des vignes et en mangeront le fruit.
Ils ne bâtiront plus de maisons pour qu'un autre les habite.
Ils ne planteront plus de vignes pour qu'un autre en mange les
Ils ne travailleront plus en vain.   [raisins.
Ils n'auront plus d'enfants pour les voir périr... » (1)

II

Le Sabotage

Dans la guerre au luxe des grands de la terre, dans la
stratégie populaire, l'ouvrier n'a pas le choix des armes
Celles de la résignation, de l'appel à des sentiment
humains se sont émoussées. Il en a trouvé d'autres. Nous
n'en mentionnerons que deux, qu'il emprunte à la société
bourgeoise.

Au sabotage d'en haut correspond le sabotage d'en bas.
La société sabote le corps du travailleur, elle souille sa
dignité, lui ravit la pureté de son âme, brise sa vie de
famille, compromet l'existence et l'avenir de ses enfants.
Pervertis pas l'exemple traditionnel de leurs employeurs
les ouvriers exercent des représailles tout aussi cruelles

(1) Esaye : XI et XXV.

Leur seul désir, est de pirater les patrons, de leur faire autant de mal que possible, de harceler la bourgeoisie tout entière, sans distinction de personnes, de la bousculer à chaque pas, afin de la culbuter enfin ; car, disent-ils, *c'est la guerre !* « Dans cette guerre, nous nous efforçons de ne pas répandre le sang, ce en quoi nous différons de nos modèles et paragons. » Car la force publique fut toujours mise à la disposition du capital, jamais on ne la mobilise pour venir en aide aux écrasés du travail. Dans cette guerre, nous nous trouvons en présence des ruses de certains espions, de mouchards, d'agents provocateurs, nous usons, nous, les rudes barbares sans éducation, de stratagèmes moins perfides que l'ennemi (1).

Par cette tactique du talion, par l'adage habituel de Rome « la fin justifie les moyens », le travailleur syndiqué, qui pourrait être tout, n'est rien encore en Europe ; son action directe éveille plutôt la méfiance que la sympathie, la pitié que l'admiration de l'opinion publique et du socialisme scientifique ou réformiste. Le Christ est-il donc mort, il y a dix-neuf siècles, pour que subsistent dans les deux camps ces terribles conditions sociales, pour qu'une guerre acharnée soit nécessaire comme tremplin de la justice (2).

Quand donc comprendrons-nous que l'industrie a été faite pour l'homme et non l'homme pour la machine ? Quand donc la vie et la dignité humaines prendront-elles le pas sur les dividendes du rentier ? Quand donc les deux classes adverses de notre société seront-elles fon-

(1) Nous voudrions avoir assez d'espace pour montrer à quels actes de sabotage recourent les « gens bien », bourgeois et chrétiens, lorsque leurs intérêts sont en jeu. Rappelons les faux et les actes de violence de l'affaire Dreyfus ; les raffinements de méchanceté auxquels donnèrent lieu les inventaires dans les paroisses riches ; les enlèvements d'enfants par l'église catholique ; les glorieux massacres antisémites d'Alger et de Russie ; les attentats répétés des camelots du roi, etc., etc. Mais tout cela pâlit devant les « fiches » ou listes noires du clergé et des patrons, pour saboter la conscience des ouvriers. La Société et l'Eglise traditionnelle ont montré la voie au peuple. Le nom diffère, la tactique est identique.

(2) Voir l'allocution de M. Nick au Congrès de Saint-Quentin, 1911.

dues en une, pour que aux horreurs de la guerre succèdent les harmonies de l'entr'aide dans la justice et l'amour ? Tant d'hommes risquent leur existence par gloriole ou intérêt ; n'en trouvera-t-on point pour employer la même énergie à secouer la société actuelle ? Si les chrétiens savaient écouter leur Dieu, ils feraient éclater les chaines économiques du peuple ; ils réaliseraient la justice éternelle sans se la voir imposer par la violence du sabotage. Le socialisme chrétien se dresse entre les combattants : s'il demeure impuissant devant le capitalisme ; s'il ne trouve pas d'écho dans les églises traditionnelles, *il en est un* qui les comprend et les approuve, c'est celui qui pleura sincèrement sur le prolétariat galiléen, qui mourut cloué au gibet par les classes dirigeantes de son temps, en priant pour elles : Père, pardonne-leur !

III

La chasse aux renards

Elle aussi prouve que l'objection tirée de l'apathie séculaire, de la résignation trop prolongée du peuple, a cessé d'être une garantie pour les jouisseurs. La minorité consciente, (la majorité déjà dans certains pays protestants) est résolue à combler le fossé qui sépare sa misère du luxe des grands.

La classe bourgeoise se sert d'armes terribles contre les *sarrasins* dans la bourgeoisie, afin de maintenir la discipline de classe dans ses propres rangs : tout médecin doit faire honneur à son syndicat, tout avocat doit obéissance à son bâtonnier, tout magistrat doit garder les traditions de la robe, tout officier observer les règles professionnelles de l'épée qu'il a l'honneur de porter pour percer des innocents. Malheur au praticien qui supplanterait un collègue ; à l'avocat qui s'emparerait au rabais, du dossier d'un camarade. Commerçants ou industriels ont des sanctions pratiques contre ceux qui transgresseraient les usages du métier. Toujours la solidarité est de rigueur dans les clubs et les sociétés mondaines. Les grands trusts américains ne se gênent pas pour ruiner par la force ou la ruse les patrons jaunes qui refusent de se syndiquer avec eux, de maintenir les prix minima fixés par eux. Lorsque les religieuses des hôpitaux font la grève, abandonnant leurs malades plutôt que de se soumettre au corps médical, pas une ne pourrait continuer le travail sans s'exposer aux pires vindictes. Le vingt novembre 1911, les journaux anglais annoncèrent la grève de dix mille médecins, dans le cas où les assurances contre la maladie seraient votées par le Parlement radical. Décidé à braver la loi, le corps médical écrivait sous la signature des plus illustres esculapes de la Grande-Bretagne : « Nous mettons au défi M. Lloyd-George de trouver des « Blacklegs » des jaunes parmi nous ! »

Voilà l'honneur professionnel bourgeois ; mais, dès qu'il s'agit de l'ouvrier, *le supplanteur*, celui qui profite de la guerre pour s'emparer de l'instrument de travail de son frère ; le félon, qui acculé peut-être par la misère de ses petits, se contente d'un salaire de famine, le jaune devient un héros, une colonne de « l'ordre » social.

Pressés par le besoin, quelques pères de familles trop nombreuses, firent défection, lors de la grève des cheminots anglais en 1911 ; ils trahirent la cause de l'humanité souffrante, afin de ne pas perdre, avec leurs places, le pain de leurs enfants. Les journaux les acclamèrent comme « les valeureux, fermes et fidèles soutiens de la nation et de la société ». Plusieurs compagnies leur accordèrent, outre la double paye pendant la grève, un avancement sans précédents ; on les bombarda aux places élevées que leurs frères, les vieux ouvriers avaient remplies la veille ; on multiplia les primes à la trahison d'un côté, les menaces de renvoi et de condamnation de l'autre (1).

____

(1) Plusieurs des jaunes, honteux et repentants, eurent le noble courage de renvoyer comme « malpropres » les sommes reçues des

Toujours les jaunes profitent des avantages obtenus par la lutte syndicale et pourtant ils n'ont jamais contribué par leurs subventions ou leurs souffrances à préparer les victoires. Nous ne voyons là rien de bien glorieux et nous comprenons le mépris des travailleurs pour le traître à sa classe, son refus, de plus en plus fréquent, de travailler avec lui. Il y a lieu cependant de faire une distinction entre les grèves : les unes sont loyalement décrétées par la majorité du prolétariat intéressé ; les autres sont déclanchées à la légère par quelques anarchistes, gréviculteurs de profession, comme ce fut le cas pour la grève des cheminots français en 1910. Nous savons aujourdhui que la signature du président Toffin était un faux. Dans ces cas douloureux, les meneurs sont de faux frères et des tyrans peu dignes d'être suivis, et les jaunes ne sont pas ceux qu'on pense. Nous touchons ici au nœud de la question sociale : trouver pour les syndicats une formule qui en fasse les parlements économiques de la nation, qui offre toutes les garanties d'un suffrage universel des intéressés, qui puisse jouir de l'appui de l'Etat et qui concilie les droits vitaux de la collectivité. Tels sont les syndicats de la Nouvelle-Zélande, tels seront ceux des populations protestantes, avec des tribunaux spéciaux pour départager les ligigants. Seulement, toujours déçu, notre prolétariat se défie de toute intervention officielle, de tout arbitrage obligatoire. A la Confédération générale du travail, on se défie du suffrage universel lui-même, comme si les ouvriers ne pouvaient statuer sur leur propre sort.

Nombreuses sont les contrées où l'Etat a passé confiance aux syndicats ; outre l'Australasie, la Californie, le Massachusetts, la Montana, l'Illinois, l'Orégon ont interdit l'emploi des jaunes pendant la grève et les sanctions pénales sont rigoureuses. Un ministre australien décla-

compagnies, ou collectées en leur faveur dans les trains par les voyageurs, pendant que leurs camarades s'exposaient pour eux aux représailles patronales. La plupart des jaunes furent d'ailleurs recrutés dans les bas-fonds de Londres, parmi les « holligans » et gens sans métier.

rait naguère : « Nous n'acceptons comme immigrants, ni gens de couleur ni gibier de prison, ni sarrasins. » La grève est la seule arme libératrice dont jouisse le peuple, l'Etat comprend, que, l'en priver par l'emploi des supplanteurs, est une iniquité (1).

La chasse aux renards : Ne se pratique-t-elle pas en grand d'une façon déguisée par le patronat *contre l'ouvrier ?* Les exclusions arbitraires, les lock-out, les sentences sans appel, ne sont-ils pas plus cruels que les tracasseries infligées par les travailleurs aux camarades qui volent leurs situations. Pendant les guerres bourgeoises, la chasse au traître est sans merci ; or, en temps de guerre sociale, c'est le traître qui assure la victoire à l'ennemi, en brisant les cadres de l'action syndicale. Les déserteurs qui passent à l'ennemi, qui se laissent acheter, qui tirent sur les leurs sont rarement considérés comme inconscients ; aucune circonstance atténuante n'excuse « leur liberté d'action ». Aux déserteurs du prolétariat on pourrait, à la rigueur, reconnaître le droit de perpétuer leur propre misère, mais non point le droit de perpétuer celle de leurs frères d'armes et de leurs enfants. Nous connaissons des patrons qui font signer à leurs esclaves une pièce décla-

(1) On se trompe lorsqu'on pense que le peuple n'a pas compris *dès le début de la lutte,* la honte qui s'attache au sarrasin et le dégoût du syndiqué, obligé de collaborer pendant trois-mille heures par an à côté du traître (conscient ou inconscient). Reproduisons seulement ici le placard, affiché en 1844 aux charbonnages de la Loire : « Messieurs les ouvriers des carrières : Nous voici tous réduits à crever de faim ; soulevons-nous tous ; la révolte commencera lundi, et pour ceux qui iront travailler les cailloux ne manquent pas »... A Rive-de-Gier : « Chers concitoyens, nous vous prions d'assister au jugement des coups de savate rendu contre les premiers révoltés qui ont été travailler sans leurs confrères et que nous avons été obligés d'aller chercher dedans ; nous vous prions d'appliquer le maximun de la peine. » La troupe fit usage de ses armes et les tribunaux bourgeois furent sans merci. (A Zévaès : *Le syndicalisme contemporain,* p. 18). Ces ouvriers qui produisaient quatre fois plus qu'ils ne consommaient, affamés, exténués, se demandaient ce que la Société bourgeoise faisait de l'excédent de leur travail. Alors, plus encore qu'aujourd'hui, on faisait de cet excédent... le parasite, le dépensier.

rant qu'ils sont pleinement satisfaits de leur sort. Ce document prouve seulement qu'ils ont peur du satrape ou qu'ils sont trop égoïstes pour se solidariser avec leurs frères plus malheureux.

Nous avons connu des ouvriers d'élite, qui, en vue de la paix, avaient consenti à porter aux patrons les suppliques respectueuses de leurs frères de malheur, afin d'éviter la grève. Pour cette audace, ils furent renvoyés et signalés sur les listes noires ; celles-ci équivalant à la mort lente du chômage ou à l'exil. Toutes leurs démarches ultérieures pour trouver un emploi furent vaines ; le syndicat patronal a le bras long et sa puissance dépasse celle des cours d'assises. A cette chasse aux syndiqués, s'ajoute trop souvent *la chasse aux hérétiques* par les patrons catholiques surtout : « Crois ce que croit ton maître, ou meurs ! » En face de cette situation, toute conscience droite comprend l'emploi de tous les moyens de persuasion ouvrière pour réveiller l'honneur professionnel dans les cœurs des jaunes inconscients ; nous devrions nous-mêmes couvrir de nos huées les supplanteurs.

« *Laissez au moins travailler ceux qui ne peuvent ou ne veulent faire grève !* » Liberté du travail, liberté du contrat *individuel* du travail ! Il y a de l'impudence à promulguer ces beaux principes pour l'autre classe, alors qu'ils sont si peu en faveur dans la bourgeoisie, où la solidarité professionnelle est ae rigueur. Le beau rôle n'est pas du côté des maîtres. Ici, nous ne voyons qu'égoïsme, là, c'est l'entr'aide, le sacrifice ! Que dans la pratique de la guerre, un général soit heureux de se servir des transfuges ; qu'il trouve chez l'ennemi des âmes assez basses pour se laisser acheter, c'est la hideuse pratique traditionnelle : à la guerre tous les moyens sont licites ! Mais que l'Etat et l'Eglise encouragent les traîtres qui font échec à un soulèvement justifié, c'est ce que nous comprenons difficilement. La partialité des lois en faveur du patronat est pourtant une constatation trop réelle et les complaisances des églises pour les supplanteurs motivent incessamment la haine du peuple contre Dieu. Presque partout en effet, les ouvriers félons se recrutent parmi les chrétiens, et les syndicats des églises (domestiqués) sont des pépinières de sarrasins. Dans les villes de Flandre où le socialisme a été devancé par la soi-disant démocratie chrétienne, toute solidarité, toute combativité a été éteinte, les salaires sont dérisoires, la misère atroce, la mortalité infantile considérable (dans certaines villes, elle atteint le 50 0/0). Ces pauvres ouvriers ne se doutent pas, qu'au lieu de leur faire adorer le Dieu de justice, bénir le Christ de leur classe, c'est devant leurs exploiteurs qu'ils se prosternent comme éternels pourvoyeurs du luxe des hobereaux de la noblesse.

L'Eglise, dès qu'il s'agit de sa domination sur le monde, n'hésite pas à lancer les peuples dans de sanglantes révolutions ; les pages de l'histoire sont salies par ces guerres fratricides. Hier encore, le R .P. Didon, en présence du général Jamont, en appelait au glaive. Les protestants de l'Ulster préparent la révolte pour le cas où l'Irlande obtiendrait le Home-rule. Les prélats et prêtres portugais arment les paysans royalistes (comme jadis leurs collègues espagnols), pour la dynastie de leurs préférences, et l'un d'eux présida à l'enlèvement de cinquante mètres de rails avant le passage d'un train militaire, etc., etc. ; mais, lorsque la guerre a pour but de rendre aux travailleurs leurs instruments de travail, d'arracher au capital les moyens de production et d'échanges ; lorsque le luxe des dissipateurs est en jeu, le clergé se fait subitement Tolstoïste et prône la non-résistance au mal, la résignation à toutes les avanies, les compensations de l'au-delà, le respect de toute tyrannie établie par Dieu (?) La guerre alors est criminelle, le *statu-quo* sacré, les traîtres de la classe pauvre deviennent des paragons de vertu. Nous nous souvenons ici d'une parole de Renan dans la vie de Jésus : « Comme l'instinct de l'amour, qui par moments, élève l'homme le plus vulgaire au-dessus de lui-même, se change parfois en perversion et en férocité ; ainsi cette divine faculté de la religion put longtemps sembler un chancre qu'il fallait extirper de l'espèce humaine, une cause d'erreurs que les sages devaient chercher à supprimer, une source de crimes... »

« Tous nous regardons aux fruits que portent les arbres de nos jardins avant d'en apprécier l'excellence. Nous nous trompons si nous croyons que le prolétaire est disposé à embrasser une religion dont les fruits sont si amers pour lui, un culte du chacun pour soi ! L'arbre matérialiste, lui, produit des fruits de réveil solidariste pour la conscience ouvrière. Il semble que ses fruits soient bons puisqu'ils soulagent la soif de relèvement des malheureux. » Le peuple ne suit plus ni les églises ni ses pasteurs ; les brebis même refusent de suivre un étranger, un ennemi séculaire de leur race. Karl Marx, lui, est écouté comme un messie, lorsqu'il oppose au luxe du monde capitaliste le dernier, le seul remède empirique efficace : « Il faut entretenir au sein des foules une source inépuisable de mécontentement, fomenter la guerre de classes, détruire dans le peuple toute croyance politique, sociale ou religieuse, rendre de plus en plus difficiles les rapports du travail et du capital, jusqu'au jour où ils deviendront intenables et ce jour là, d'un coup d'épaule la société tombera en poussière. »

Nous croyons ne pas nous être écartés de notre sujet en nous occupant de la stratégie à laquelle le peuple est obligé de recourir, contre les puissances inertes de l'Etat muni de ses mitrailleuses, des églises répétant leurs complaintes de résignation individuelle. Qui veut la fin, veut les moyens, et nous voudrions que la guerre ait une fin, et bientôt, et que cette fin soit le terme de l'exploitation du pauvre pour les plaisirs du riche.

Dans la conclusion de ses mémoires d'outre-tombe, Chateaubriand laisse échapper des aveux significatifs : « Un Etat politique, où des individus ont des millions de revenu, tandis que d'autres individus meurent de faim, peut-il subsister *quand la religion n'est plus là avec ses espérances hors de ce monde, pour expliquer le sacrifice ?* Il y a des enfants que leurs mères allaitent à des mamelles flétries, faute d'une bouchée de pain pour sustenter leurs expirants nourrissons ; il y a des familles dont les membres sont réduits à s'entortiller ensemble pendant la nuit, faute de couverture pour se réchauffer. Celui-là voit mûrir ses nombreux sillons ; celui-là ne possède que six pieds de terre, prêtés à sa tombe par son pays natal... » Eh bien ! la religion n'est plus là comme pourvoyeuse de chair à dividendes, comme berceuse de la classe pressurée, comme oreiller de sûreté pour la classe exploitante. Avec la justice, selon l'expression du vieux psalmiste, s'en est allée la paix, car ces deux sœurs, compagnes inséparables, se tiennent toujours enlacées, et nous croyons que le temple de Janus ne fermera ses portes que lorsque le peuple aura arraché aux dirigeants une charte basée sur la justice.

IV

La Révolution

Capital et travail sont actuellement deux ennemis. Au milieu de la poudre des batailles, ils n'aperçoivent pas la communauté de leurs origines, l'identité de leurs intérêts, l'interdépendance de leur action. L'un ne peut rien sans le concours de l'autre. Le capital doit préparer et servir le travail pour le bien commun des citoyens ; ils doivent être utilisés avec économie et non dilapidés par le luxe. La lutte a été intensifiée dans les nations industrielles depuis l'acquisition par le peuple des droits politiques partiels ou complets. Le peuple a été, en théorie, *proclamé souverain :* devant l'urne, l'ouvrier besogneux est autant que l'opulent industriel. Or, un roi qui a faim, souvent, et dont l'existence est remplie de douloureux aléas, réclame avec raison les attributs de sa royauté, les bénéfices inhérents à ses privilèges. Un souverain qui déambule en guenilles est une contradiction.

Le développement économique doit suivre l'évolution politique (1). Les ouvriers « en ont assez » de produire des richesses qui leur glissent entre les doigts, de gagner tout juste de quoi ne pas mourir, tandis que d'autres

(1) J. Henzi, *L'Universel*, juillet 1911.

— non pas même leurs patrons à l'ancienne mode, qui du moins travaillaient aussi, mais de lointains actionnaires de sociétés anonymes, — s'enrichissent du fruit de leur travail. On peut regretter la docilité d'autrefois ; on ne la retrouvera pas. Le prolétaire d'aujourd'hui a une espérance au cœur : il veut posséder le produit de son travail ; il ne rentrera « dans l'ordre » qu'après l'avoir obtenu (1). Il veut renverser la barrière qui le sépare de son instrument de travail. Il veut n'être plus le jouet du caprice d'un maître anonyme. Il veut que la production n'ait plus pour but l'intérêt de celui-ci, mais l'intérêt du public et par conséquent de la classe la plus nombreuse. Il veut que le gouvernement économique des choses soit séparé du gouvernement politique des personnes. C'est la révolution économique pour laquelle il bataille.

Ils sont *bien injustes les jugements* portés à la légère contre le peuple en guerre contre la classe dirigeante (2). Au lieu de jeter la pierre à l'ouvrier, la société eût dû purifier l'atmosphère, en renonçant elle-même à la guerre, au sabotage d'en haut, à la chasse aux syndiqués. La patience du prolétariat a été mise à une longue épreuve et ce n'est qu'en désespoir de cause, qu'il a pris les armes et qu'il prépare une révolution, qui sera violente

---

(1) Paul Passy, *Espoir du monde*, décembre 1910.

(2) Cette partialité systématique de la classe bourgeoise se montre, par exemple, dans ses appréciations sur *la guerre de la commune de Paris* : Il faudrait avouer que les communistes furent relativement *doux* envers l'ennemi. S'ils procédèrent à l'exécution de quelques otages, ils y furent contraints, ou bien ces faits furent l'œuvre individuelle de quelques exaltés *avant* ou *après* la commune ; enfin, le nombre de leurs victimes est infime. La classe dirigeante, au contraire se livra à de froides et officielles hécatombes, à des représailles effroyables et sans but. Un massacre global de l'ennemi écrasé, de tous les prisonniers *après une guerre* devrait être l'objet de la honte d'une classe qui se dit civilisée. Mais la vie de l'ouvrier semblait n'avoir aucune valeur, aux yeux des Thiers, Gallifet, etc. De plus, les communistes furent *honnêtes* dans leur gestion financière et fidèles à leurs engagements. On n'en peut dire autant de la Banque de France ni des autres rouages administratifs « du parti de l'ordre ».

s'il le faut, mais qui aboutira à la reconnaissance des droits humains des malheureux.

On a remarqué avec raison que la notion de violence est à reviser. « Nous trouvons plus grave la violence morale que la violence matérielle. Quand on crée un journal de chantage, on commet un acte de violence plus grave qu'un coup de couteau. Qu'un ouvrier donne un coup de poing à un contremaître, c'est moins grave que quand un contremaître s'empare des ouvrières... » Qu'un directeur d'usine, s'il y trouve avantage, jette à la rue une foule de vieux ouvriers, qu'un propriétaire chasse une famille trop chargée d'enfants, ne sont-ce pas là des actes de violence ? Seulement nous avons deux poids et deux mesures, selon qu'il s'agit de l'une ou de l'autre classe sociale. A l'inverse de celles du Christ, nos préférences vont aux privilégiés.

Qu'on nous permette de donner ici une citation du professeur Cernesson (1) sur le milieu délétère qui entoure le berceau des parias de la glèbe ; sur l'ambiance malsaine dans laquelle croupit l'enfant du peuple, que nous jugeons si sévèrement, lorsqu'il se dresse devant nous en révolutionnaire. Les privilégiés de la naissance et du luxe, avant d'arracher la paille de l'œil du pauvre, devraient songer à ceci : « Que serais-je devenu dans la vie, si, enfant, l'affection prudente m'avait fait défaut ; si j'avais eu constamment sous les yeux les images grossières de l'ivrognerie, de la brutalité et de la débauche ; si l'étroitesse d'un logis empesté m'eût fait vivre dans la promiscuité des sexes ; si le labeur dur et prolongé des miens les eût obligés à me confier précocement à l'atelier démoralisateur ? Que fût-il advenu de moi, jeune garçon ou jeune fille, si, privé de l'assistance d'un père ou d'une mère retenus à la fabrique, j'avais erré seul le soir, en compagnie d'enfants dépravés exposés aux hasards de la rue ? » Ce noir tableau laisse peut-être froids ceux qui vivent dans l'irréel et le mysticisme. Plus les maux sont fréquents et anciens, moins le bourgeois en sent l'horreur, surtout

(1) Dans le *Relèvement social*.

s'il en tire profit, mais l'ouvrier a pris sa propre cause en mains ; le coup de balai révolutionnaire le vengera de l'apathie de ses maîtres et des complicités du christianisme.

Le même professeur nous montre par son propre exemple ce que pourrait être le milieu social, si l'enfant du pauvre avait sa part des privilèges bourgeois : « Créature de raison et d'erreur, de courage et de lâcheté, de sagesse et de folie tout ensemble, j'ai eu cette heureuse chance, que des mains bienfaisantes ont stérilisé en moi les racines du mal et ont développé celles du bien. Portant en moi cette dualité fatale, et la portant encore tous les jours, malgré les soins dont je fus entouré, quel être lamentable je serais aujourd'hui, si, par un renversement des facteurs de mon éducation, dont j'aperçois autour de moi les tristes et innombrables effets, tous les dons amers que j'ai reçus au berceau *avaient été seuls cultivés ?* Oui, si pour quelques âmes d'élite, la dignité morale demeure intacte dans un milieu dépravé, comme certaines petites fleurs délicates qui s'épanouissent au milieu des boues, il est certain que, pour le grand nombre, *cette dignité morale est un nouvel article de luxe, qui s'ajoute aux autres,* pour compléter la belle harmonie des existences heureuses — de ces existences dont on pourrait dire *qu'elles ont tout accaparé :* le bonheur matériel et la félicité morale. »

A ceux qui détiennent le monopole de tous ces luxes, aux bourgeois privilégiés, nous demandons de ne pas répéter la berceuse de Baudin : « Le prolétariat se plaît dans sa dégradation ! » C'est nous qui l'y avons jeté, c'est nous qui l'y maintenons. Que celui qui a la prétention d'être chrétien, se garde de porter jugement contre les révoltés. Le Christ disait : « Vous ne savez de quel esprit vous êtes animés ! Je ne veux pas la condamnation ; mais *vous négligez la justice et la miséricorde.* » L'esprit d'amour et de douceur a ses émotions et ses colères (Grégoire de Naziance), comme le Christ si bon eut ses élans d'indignation. « Le véritable amour doit être violent à l'occasion ! » (Elie Gounelle).

On objectera avec M. Ch. Gide, à propos de la lutte

engagée : « Il ne faut pas compter sur l'amélioration des conditions d'existence de la classe ouvrière pour diminuer la fréquence et la gravité des conflits économiques, bien au contraire (1). » Le peuple le plus misérable, celui qui a le plus une vie de brute, est celui qui a le moins l'esprit révolutionnaire. Les idées révolutionnaires ne peuvent naître que dans les loisirs ; l'ouvrier doit être un peu bourgeois pour être révolutionnaire, il doit avoir le ventre plein. La diminution des heures de travail lui permet d'assister aux meetings ; l'élévation des salaires lui permet de payer ses cotisations syndicales. C'est parmi les esclaves que les révoltés sont les plus rares... L'appréciation sévère de M. Gide ne s'applique pas au prolétariat conscient et relativement riche des pays à civilisation protestante (Scandinavie, Angleterre, Canada, Nouvelle-Zélande, etc.), où la lutte méthodique se poursuit avec une admirable modération du côté prolétarien. Elle répond momentanément à la triste réalité dans des pays comme la France, où le peuple sait que la peur seule du pire, forcera la Finance à consentir des réformes économiques sérieuses.

Mettons-nous à la place de l'écrasé : à chaque élection, on lui présente le chalumeau de paix sous forme d'améliorations radicales... après quarante ans de République, la bourgeoisie n'a même pas accouché d'un impôt sur le revenu, de bureaux de placement convenables, de la suppression des octrois et autres impôts indirects sur les familles nombreuses, etc. M. Paul Deschanel n'a pas tort lorsqu'il dit : Le syndicat sans propriété est comme l'homme sans propriété. Il n'est pas vraiment libre. Brutal parce que faible, anarchique parce qu'irresponsable, il se jette dans l'abstraction parce qu'il n'a pas de réalité à saisir. Donnons-lui la propriété ; faisons-le passer de l'enfance à l'âge adulte... (2).

La révolution est en marche : Aucune puissance humaine ne peut l'empêcher d'avancer. « Malheur à vous, disait, le Christ, qui chargez les hommes de far-

(1) Congrès de Besançon, p 60 et suiv.
(2) Discours à l'Hôtel Continental, 25 nov. 1907.

deaux qu'ils ne sauraient porter et qui ne voudriez pas les toucher du bout des doigts. » L'écrasement du peuple d'un côté, le luxe insolent de l'autre, ont assez duré. Le peuple ne déposera les armes que lorsque la justice recouvrera ses droits.

La révolution est en marche : Aucune « morale » ecclésiastique ne peut l'arrêter dans sa course vers l'affranchissement des enfants de Dieu. Avec Ballanche nous voudrions dire aux clergés : « Le christianisme est une loi d'affranchissement et d'émancipation. Si l'on veut en faire autre chose, si l'on veut le rendre incompatible avec toutes les idées généreuses, vous repoussez dans les abîmes de l'incrédulité toute une génération nouvelle à qui l'incrédulité est une horreur. » M. Huet est peu suspect de tendresse pour la démocratie en mal de délivrance. Il écrit cependant : « L'humilité et l'esprit révolutionnaire, qui se complètent admirablement, se corrompent dès qu'on les sépare. Sans l'esprit révolutionnaire, l'humilité dégénère en un mysticisme béat, dont la résignation n'est que la coupable tolérance de tous les abus. Sans l'humilité, l'esprit révolutionnaire aboutit à un esprit de haine, de violence et d'anarchie, luttant follement contre les obstacles inhérents à la condition humaine, poussant dans son délire à la révolte contre Dieu, à la rupture des éternelles lois de la société, à l'âpre et insatiable désir de jouissances immédiates, telles que sans la chute, l'homme pur aurait le droit de les revendiquer. C'est là le faux esprit révolutionnaire ; il détruit le bien comme le mal et ne peut servir à l'œuvre de la réparation. Pour rester dans la vérité et la justice, il faut que l'humilité tempère l'esprit révolutionnaire et que l'esprit révolutionnaire anime et vivifie l'humilité (1). »

Aux yeux des conservateurs, l'inévitable avènement de la démocratie parmi nous, est synonyme *d'invasion des barbares.* Or, transformés par le christianisme, les barbares ont été peut-être le salut du vieux monde. Pourquoi n'en serait-il pas encore ainsi ? Le luxe et les

(1) Huet, *La Science de l'esprit*, t. II, p. 254.

mœurs de nos villes ne sont-ils pas précisément la reproduction du luxe et des mœurs du Bas-Empire, et l'évangile social ne serait-il pas un levain plus vivifiant que le dogmatisme du cinquième siècle ? Les philosophes incrédules ne se sont pas exprimés autrement que le socialisme révolutionnaire au sujet de l'action d'un christianisme authentique. Depuis Bayle jusqu'à Herbert Spencer, ils ont vu dans le Christ un réformateur aspirant à renverser l'ordre établi et à lui substituer un état de choses nouveau. M. Ferdinand Buisson s'écrie : « L'hommage que je refuse à toutes les orthodoxies, je ne le refuse pas à l'homme dont la voix, du fond des siècles, m'appelle à la plénitude de la liberté, m'initie à la plénitude de la vie spirituelle. Sa doctrine et sa vie qui ne se distinguent pas l'une de l'autre, *refont en moi la même révolution qu'elles ont faite dans le monde ;* elles m'arrachent à l'égoïsme, elles me soulèvent au-dessus de moi-même, elles m'obligent à voir et à entendre, tout au fond de moi ce que je n'avais pas su ou voulu y découvrir ; elles donnent un but et un sens nouveau à la vie humaine... Avec cet homme-là je me trouve en communion par-dessus l'histoire. » Les uns, comme Tolstoï, ont acclamé le Christ avec enthousiasme, respect et amour ; ils ont salué en lui un libérateur épris de justice. Les autres, comme Nobbes, l'ont considéré comme un utopiste néfaste, un anarchiste dangereux, un semeur coupable de dissolution sociale... (1). Ces derniers ont parfaitement raison de rejeter l'évangile, comme aussi dangereux pour nos institutions capitalistes, qu'il le fut pour la féodalité lorsque les Pauvres de Lyon, les disciples de saint François, les paysans de Souabe, les communistes anabaptistes s'en emparèrent pour demander justice. « Ce que le Christ rêvait, c'était une vaste révolution sociale, confondant tous les rangs et supprimant toute autorité quelconque (2). »

M. Wilfred Monod (3) nous donnera, au milieu du cli-

(1) L. Garriguet, *La valeur sociale de l'Evangile*, p. 19.
(2) Ernest Renau, *La Vie de Jésus.*
(3) *La fin d'un Christianisme*, p. 36. Admirable travail d'une conscience que les responsabilités sociales accablent.

quelis des armes, la parole d'espérance du socialisme chrétien : « Mesurez, si vous le pouvez, la force illimitée d'expansion qui bouillonne au sein du néo-christianisme, puisqu'il condense autour d'un même nom (celui du Christ), et au service d'un seul idéal (la cité de justice), les puissances combinées de la religion, de la science et du socialisme. Il concentre donc les activités maîtresses du monde contemporain. Il se sent pleinement d'accord avec l'Evangile d'hier, avec la Culture d'aujourd'hui, avec la Société de demain ; il conserve du passé ce qui lui est nécessaire pour agir sur le présent et préparer l'avenir ; il est à l'avant-garde, et il le sent ; c'est là sa joie et sa responsabilité. Cependant, pour que ce christianisme-là triomphe... il faut que le christianisme actuel finisse. Les documents que je vous ai cités au début, prouvent qu'il est en bonne voie de finir. » « Dans tout chrétien qui comprend les enseignements de son Maître et les prend au sérieux, il y a un fond de socialisme... Le christianisme a formulé, dans les termes les plus nets, les principes du socialisme (1). » A bon entendeur, salut !

Saint Paul écrit : « Ceux qui veulent vivre en riches se laissent tenter, tombent dans le piège et ont une foule de désirs insensés et pernicieux qui font sombrer les hommes à leur ruine et à leur perte, car la racine de tous les maux c'est l'amour de l'argent. » (1 Tim. VI : 9).

(1) Em. Laveleye, *La valeur sociale de l'Evangile.*

CINQUIÈME PARTIE

Notion individuelle du Luxe

La vie simple

Notre attitude sera la même en face du luxe familial, qu'envers le luxe national. Elle découle pour chacun de nous de la définition du luxe social, que nous avons empruntée à M. Charles Gide. Comme l'autre, le luxe privé est « *la répartition irrationnelle entre nos ressources et nos besoins* ». Ayant établi le barème du revenu public, de façon à couvrir par l'impôt progressif, les services publics et les nécessités du peuple, la société, d'après nous, laissera à chacun la liberté la plus complète dans l'usage de son bien. Les aptitudes et les goûts naturels et familiaux sont essentiellement variables : Tel citoyen consacrera ses loisirs à la musique, à la culture, à l'élevage ; tel autre réunira une bibliothèque ou se créera un laboratoire. L'un préfèrera épargner pour jouir plus tard d'une retraite plus large, ou pousser ses enfants, un autre s'adonnera aux voyages d'études ou aux découvertes scientifiques ; un autre aux soins des malades ou à l'évangélisation de son entourage. Toutes les consciences seront tranquillisées par la pensée que le luxe sera également partagé entre les bons citoyens. La production générale étant collective, rien ne s'opposerait à ce qu'une grande latitude soit laissée aux individus : le canot de guerre du sauvage appartient à la tribu, parce qu'il est là pour le bien de tous et que sa manœuvre nécessite l'embauchage de tous ; le canot individuel circule où et comme l'entend son propriétaire.

L'éducation progressive de la conscience individuelle amènera chaque homme de bien à observer pour ses intérêts particuliers *la même hiérarchie*, que l'Etat dans le budget public. L'hygiène et la morale pousseront l'homme sage à ne pas sacrifier sa santé à sa gourmandise, à ne pas imiter la grenouille qui, aujourd'hui, s'enfle pour se mettre en vue. Sa conscience lui interdira toute jouissance dont ses frères seraient privés. Réduite du reste à la portion congrue, par la généralisation du bien-être et de la dignité individuelle, l'extravagance du riche sera plus limitée ; assuré du travail et de la vie par la société, l'ouvrier sera plus satisfait (1).

La vie simple et suffisante, que demande à son Dieu le juste, dans le texte placé en tête de ce travail, se trouvera réalisée pour la première fois dans l'évolution progressive de notre race : ni pauvreté ni richesse ! Le grelotteux relevé de sa dégradation, le riche arraché aux périls que le Bouddha, le Christ et les Réformateurs ont flétris. Le travail, aujourd'hui signe de la dépendance du corvéable, sera élevé, comme il l'est déjà en Nouvelle-Zélande, à la dignité de fonction sociale. Le fossé qui sépare ceux qui ont trop et travaillent peu, de ceux qui ont trop peu et travaillent trop, sera enfin comblé, et s'il reste une division de classes, ce sera celle entre bons et vicieux, celle que le Christ indique, lorsqu'il place les premiers à sa droite et les autres à sa gauche.

La vie simple, une fois imposée par la nécessité, une fois entrée dans les mœurs, n'impliquera pas *le communisme niveleur* ni le régime de la prison, comme se plai-

____

(1) M. de Laveleye écrit : Toute consommation est un troc. Vous livrez une valeur : que recevrez-vous en échange ? De quoi fortifier le corps et l'âme ? Bonne affaire ! De quoi surexciter l'orgueil et la vanité du riche, la jalousie et la révolte du pauvre ? Mauvaise affaire.

sent à le dire les détracteurs du collectivisme. Le communisme absolu, tant de fois mis à l'épreuve par de pieux utopistes, a été partout trouvé « manquant ». Il froissait la liberté, ne tenait pas compte des propensions individuelles, de l'égoïsme latent dans notre race. Il est un idéal momentanément impraticable.

La vie frugale n'est pas l'épouvantail que pensent les sectateurs d'Epicure : ceux-là seuls, qui ont vu de près *les couvents* fervents et disciplinés (car il y en a d'autres !) savent quel charme et quels avantages l'homme aux aspirations élevées peut trouver dans la réduction à un minimum spartiate des besoins et des soucis personnels. C'est l'affranchissement des exigences de la mode ; c'est la table frugale et abondante toujours servie, où l'on ne vit pas pour manger, mais où l'on mange pour vivre ; c'est le labeur régulier et varié d'êtres qui ne vivent pas pour travailler, mais travaillent modérément pour vivre ; c'est l'activité pour la communauté de la ruche d'abeilles, substituée à la gloriole personnelle du maître, ou au carcan du salarié : talents et études de chacun fructifient pour tous et pour chacun. C'est la suppression des conventions futiles, tâtillonnes et stériles qui, dans nos villes surtout, compliquent péniblement l'existence bourgeoise ;

> « ... . Des devoirs parasites
> Qui pullulent autour de nos tasses de thé. »
>
> (Sully PRUDHOMME).

C'est la mise en commun des objets d'art, de la bibliothèque, des journaux et revues, des jardins, de l'infirmerie et des soins médicaux, des biens de tous genres, qui s'amassent avec le concours des associés pendant des générations. Nous voyons là, à côté d'abus et de défaillances regrettables, la cellule de l'idéal social pour l'avenir, la solidarité : tous pour un, un pour tous.

Paul de Tarse savait comment réduire son corps matériel en servitude, notre société n'essaye pas de l'assujettir à la loi de l'esprit que demandent à la fois la libération du bourgeois et l'émancipation du prolétaire. Notre génération a horreur de toute servitude et pourtant elle

se laisse enserrer dans les chaînes du « qu'en dira-t-on »
ou de passions sensuelles incompatibles avec la vraie
liberté que le Christ nous a révélée et acquise par ses
sublimes exemples. D'autres que Diogène et Jean-Baptiste
ou les disciples de Jean-Jacques trouvent que l'on se
repose fort bien sur la dure ; que, pour peu qu'on y soit
habitué, l'on se trouve tout aussi à l'aise sur la chaise de
bois de nos ancêtres, que dans les bras d'un fauteuil
moelleux ; que la bonne chère, les boissons et les toxiques
sont loin d'ajouter à la force musculaire et à la puissance du cerveau ou de la volonté. Interrogeons encore
les anciens religieux ; ils ont quitté la robe pour échapper à la contrainte de la conscience ; — chose remarquable, — après de longues années, ce qu'ils regret-
tent encore de leur passé, c'est précisément l'existence
modeste et sans soucis matériels, qu'ils ont vécue dans
un cloître où régnait la discipline d'une règle de simplicité acceptée d'un commun accord par tous.

Les démocraties antiques ont péri par la soif de jouissances, bien plus que par les guerres civiles. L'empire
romain devait périr dans la sensualité du luxe sous le
Bas-Empire. L'ancien régime a péri par le dévergon-
dage du luxe de la cour : nous lisons que Buckingham
semait les diamants de son habit pour savourer le plaisir de voir ramper les dames à ses pieds. Molière et Montesquieu n'ont rien exagéré lorsqu'ils flétrissaient cette
débauche de plaisirs voluptueux, conséquence du luxe
sans frein. — Aujourd'hui, le grand seigneur ne se dis-
tingue plus par le vêtement, du garçon de café. Aujour-
d'hui, il serait de mauvais goût pour un homme de se
charger de bijoux, sauf chez les sauvages de l'Afrique
centrale, qui imitent la nature en parant le mâle et non
la femelle. On s'est habitué à cette simplicité masculine.
— Mais *la femme* persiste à dissiper chaque année une
somme incalculable de produits et de travail, en se cram-
ponnant aux caprices de la mode. L'une des forces du
Japon moderne est justement la frugalité de la vie et la
permanence des costumes toujours les mêmes aujour-
d'hui comme il y a trois siècles. La femme, en Occident,
est devenue l'esclave des faiseurs parisiens ; elle étiole sa

pensée, étouffe ses aspirations supérieures, compromet parfois sa santé et sa maternité pour... des chiffons ! Nous préférons voir cinquante femmes chinoises ou norvégiennes, ayant chacune une robe de quarante francs, qu'une seule dame portant un costume qui en coûte deux mille. Celle-ci est, à notre avis, moins heureuse que celles qu'elle excite à jalousie mais auxquelles la conscience sociale n'a pas de reproches à adresser (1). A « la femme assise, vêtue de pourpre et d'écarlate, couverte d'or, de pierres précieuses et de perles, tenant à la main une coupe d'or pleine d'abominations », nous préférons l'autre tableau biblique : « Qui peut trouver la femme vertueuse ? — Elle a plus de valeur que les perles ; — le cœur de son mari se confie en elle et les qualités ne lui font pas défaut. — Elle se procure de la laine et du lin, — elle travaille d'une main joyeuse... — Elle veille sur ce qui se passe dans sa maison et elle ne mange pas le pain de paresse ; ses fils se lèvent et la disent heureuse. » Et nous aussi !

Qui prêchera parmi nous la vie simple, affranchie de l'ambition d'éclipser les autres citoyennes ? Il pousserait nos compagnes à se parer de qualités plus précieuses quoique moins dispendieuses. Il contribuerait puissamment à préparer la société au renversement du régime capitaliste. Si l'on tâchait *d'être* quelqu'un au lieu de vouloir *paraître*, l'amour du gain ne formerait plus le centre autour duquel gravitent toutes les préoccupations. Le luxe n'empoisonnerait plus l'imagination du pauvre qui aspire à supplanter le proprio actuel dans les raffi-

---

(1) Si la mondaine-chrétienne savait quelles souffrances s'attachent aux pierres précieuses, comme nous le vîmes aux Indes et à Kimberley, nous pensons qu'elle n'en porterait jamais.

Ce que la vanité recherche le plus avidement, ce que la gorge de la mondaine peut porter de plus précieux nous l'avons vu extraire de la boue, comme cette jolie gorge elle-même vient du limon ou de la fermentation des atomes dans la cellule primitive. Des dizaines de mille êtres humains doivent travailler un jour entier dans les entrailles de la terre, remuer des tonnes de matériaux sans valeur, pour trouver de quoi remplir la pomme de la main de ce carbone pur condensé à l'état solide, que nous appelons le diamant.

nements de la volupté : « A chacun son tour d'être assis dans le char et de se faire traîner par d'autres aiguillonnés par le fouet de la faim (1). » — Combien n'y a-t-il pas, hélas, de mentalités capitalistes déguisées sous les haillons du mendiant ou abritées sous le drapeau rouge ? Parmi ceux qui prêchent l'égalité, se cachent bien des opportunistes que les honneurs ou les richesses griseraient, s'ils gagnaient un gros lot à la loterie de la vie capitaliste ; qui, une fois hissés sur les épaules des travailleurs, passeraient à l'ennemi : « J'y suis, j'y reste ! » L'exemple de la société dirigeante et les complaisances des Eglises ne peuvent qu'être contagieux ; l'appât séculaire et la puissance entraînante de l'or sont l'aimant qui inévitablement attire, tandis que la croix de la solidarité, l'idéal du Grand et Nouveau Commandement de Jésus n'ont pas de charme pour l'égoïsme du vieil homme animal : Le *fabricant* trime et fait trimer les autres afin de s'enrichir. Le *commerçant* ruse, il exploite le consommateur afin d'amasser une fortune plus vite que son concurrent. La crainte de déchoir pousse le *consommateur* à des dépenses de parade. La soif de supériorité préside même aux contrats de mariages. *L'orgueil de classe* est la force qui mènera le monde jusqu'à ce que le veau d'or du Mammon soit abattu et la solidarité humaine fermement établie sur ses ruines. Le droit à la vie et au travail, assuré par la communauté comme en Nouvelle-Zélande, la loi d'entr'aide et d'amour mutuel remplaçant l'âpre concurrence en toutes choses, tel est le double idéal final que proclame le socialisme chrétien, lorsqu'il flétrit le capitalisme, et le luxe mauvais qui en découle.

M. J.-J. Gourd ne fait que résumer l'évangile, lorsqu'il écrit : « La seule société religieuse, annoncée par le Christ, est la société de l'amour (2). » On nous dit par-

____

(1) *Le Christianisme Social* n'a que trop raison lorsqu'il constate que presque tous les crimes et délits sont causés par la soif du luxe : assassinats, vols, fraudes, fausses signatures, n'ont, le plus souvent, d'autre mobile que l'ambition de jouir du paradis des riches qu'ouvre l'argent, sans qu'aucun ange en garde l'entrée.

(2) *L'Essor*, 25 février 1911.

fois, que le saint utopiste de Nazareth ne connaissait pas la perversité du cœur humain ; que *seule l'ambition mondaine* offre un stimulant suffisant à l'activité dans la production intense dont nous avons besoin. Cet axiôme est-il fondé ? Ne voyons-nous pas déjà autour de nous bien des gens et des corporations s'élever au-dessus des bas appétits du Caïn accapareur ? Nous avons mentionné les religieux ; le soldat ne donne-t-il pas sa vie pour le drapeau menacé ? L'alpiniste, le chimiste, l'aviateur n'exposent-ils leurs jours que pour l'argent ? L'artiste prostitue-t-il toujours son talent pour de l'or ? Le magistrat est-il incapable d'un dévouement ? L'anarchiste russe n'est-il pas le martyr d'une religion qu'il croit sacrée ? Les missionnaires, les garde-malades, les lutteurs de toutes les grandes causes sont-ils poussés à l'héroïsme par le seul appât du gain matériel ? L'ouvrier qui a, comme on dit, le cœur à l'ouvrage, accomplit sa tâche par sentiment du devoir ou même par amour-propre et non pas en vue de la paye du samedi. — Combien plus puissant serait pour l'homme, aujourd'hui pétri dans l'individualisme aigu, *l'atmosphère* de la solidarité dans un respect mutuel des droits d'autrui ! Paul ne parle-t-il pas d'une couronne plus noble comme prix de la course ? La vision des prophètes antiques, de saint François, de Tolstoï, de Reclus, de tant d'autres précurseurs ou imitateurs de Jésus, ne sera-t-elle jamais réalisée dans la société chrétienne ? « Si les hommes sont incapables de déployer par amour la même énergie qu'ils déploient par intérêt, alors l'évangile est la première des utopies (1). »

Quel idéal glorieux pour le chrétien social : la chute finale du Mammonisme, l'instauration de la Paternité divine par la Fraternité humaine ! L'avènement du Royaume de justice et de paix ! « Il y a un seul corps et plusieurs membres et tous les membres, malgré leur nombre, ne forment qu'un corps ; si donc un membre souffre, tous les membres souffrent avec lui. » Le service du Père, c'est le service des frères et non le culte de

(1) H. Nick. Discours de Saint-Quentin, 1911.

l'or. La croix elle-même du Christ finit par se confondre et par s'identifier à travers les âges avec la croix sanglante du peuple. A la glorieuse lignée des sauveteurs individuels que couronne chaque année l'Académie, doit s'ajouter une légion de sauveteurs collectifs de la société. A côté des œuvres philanthropiques qui s'efforcent de repêcher quelques malheureux du torrent boueux, on verra le christianisme s'unir au prolétariat et aux bourgeois de bonne volonté, pour construire le pont de justice vers la vie plénière, complètement humaine de tous.

Des catastrophes sont-elles inévitables, comme le prêchent les anarchistes, pour arracher les riches à l'individualisme, à la soif de jouissances non partagées par les frères ? Non, l'Etat et l'Eglise peuvent se joindre aux phalanges réformistes : l'Etat Néo-Zélandais montre la voie. Aux assemblées du Pan-Anglican Congress de 1909, l'évêque Gore, de Birminghan, sonnait le tocsin de *la repentance officielle* des Eglises (1) : Le peuple ne croira à la sincérité de notre amour, que si nous désavouons notre passé d'indifférence devant le mal social, dont le luxe des grands est une des manifestations les plus criantes (2). — Le peuple ne se ralliera autour de la bannière du Christ, que si nous faisons nôtres ses revendications de justice, si nous luttons avec les petits pour leur rédemption à la fois économique et morale. « Je

(1) Le prélat ritualiste écrivait : « Le premier devoir de l'Eglise doit être un acte de solennelle humiliation pour avoir si longtemps et si radicalement failli à sa mission de protectrice des opprimés... Cet acte de repentance devrait être suivi d'un acte de réparation *avant que le Jugement bien mérité de Dieu arrache de nos mains tous les instruments d'influence sociale.*

(2) M. Wilfred Monod (à propos de l'hostilité des athées et des insulteurs du Christ), écrivait au congrès de Saint-Quentin : « Que l'Eglise adopte à leur égard l'attitude prise par le roi David, lorsque Schimeï lui lançait des pierres en l'injuriant : C'est l'Eternel, répliquait le fugitif, qui lui a ordonné de me maudire ! » — M. Gounelle, parlant des solidarités : « Nous rêvons d'en faire l'*Eglise du peuple,* l'*Eglise du Christianisme social* (nous dirions aujourd'hui l'église institution) en attendant que l'église traditionnelle se convertisse elle-même franchement, complètement, comme elle le doit, comme il le faut, au peuple, à l'humanité. »

repousse l'idée que la terre soit un lieu d'exil où l'homme, transporté à vie, ne serait tenu de travailler que pour vivre et ne vivrait que pour expier, sans que son action eût la moindre valeur aux yeux de Dieu. Je trouve beaucoup plus rationnel, plus moral et plus consolant de croire qu'au lieu d'être un Cayenne immense, la terre est un immense atelier livré à la libre activité de l'homme, à son génie transformateur. Ce point de vue nouveau s'accorde aussi parfaitement avec les persistantes aspirations de la nature humaine, que l'ancien point de vue leur est contraire (1). »

M. Quiévreux, parlant du milieu délétère où nous parquons l'autre classe, de l'atmosphère de péché où nous laissons croupir l'enfant de l'ouvrier, jette le cri d'alarme : « Il est impossible de convertir certaines âmes dans certains milieux. L'évangile reste inaccessible aux âmes enfermées dans l'extrême misère, tout comme aux âmes enfermées dans l'extrême richesse... (2). » — Nous ajouterions volontiers : l'évangile restera inaccessible aux âmes, aussi longtemps que l'Eglise demeurera inféodée au régime capitaliste, indifférente ou « *neutre* » en face du péché, du grand péché dont elle se fait la complice. Cette soi-disant neutralité est si peu réelle (sauf dans les Fraternités anglaises et dans quelques petits groupements de chrétiens socialistes), que la plupart des ouvriers perdent leur mentalité solidariste, dès qu'ils se trouvent sous l'influence de l'Eglise ; la résignation à l'esclavage remplace dans leur esprit les revendications de l'évangile de justice et d'amour ; le rôle de sarrasins leur paraît naturel, ils se séparent de la classe de Jésus-Christ et s'embourgeoisent rapidement. Nous en connaissons, qui, relevés d'habitudes d'ivrognerie et de débauche, ne regardent plus qu'avec dédain leurs frères de souffrances de la veille et, devenus contre-maîtres, financiers ou propriétaires de maison, se rangent du côté patronal et clérical, du côté de ceux qui crucifièrent Jésus.

<hr>

(1) Corbon *Le Secret du peuple de Paris*, conclusion. Cité par l'Abbé Calippe, *l'Attitude Sociale des catholiques*, p. 188.
(2) Congrès de Saint-Quentin, 1911.

Le luxe personnel ne leur répugne plus, puisqu'ils en jouissent et qu'ils amassent les trésors que le vers et la rouille détruisent.

M. Quiévreux définit fort bien l'attitude de l'Eglise en face du problème social : nous ne pouvons, au nom de l'évangile préciser une forme économique, mais dans l'évangile nous trouvons trois grands principes directeurs : 1° *Le respect de la personne humaine ;* créée par Dieu, elle a le droit absolu de n'être jamais traitée comme une source de plaisir et d'intérêt. — 2° *La justice,* exprimée dans le commandement suivant : « Tu aimeras ton prochain comme toi-même, » qui est la base sur laquelle doit reposer la démocratie chrétienne (1). — 3° Et enfin, nous y trouvons *l'amour* qui surpasse encore la justice : « Je vous donne un commandement nouveau, celui de vous aimer les uns les autres. » L'amour trouve son expression dans le sacrifice : « Aimez-vous comme je vous ai aimés. Il n'y a pas de plus grand amour que de donner sa vie pour les siens. »

Ce triple idéal : respect devant l'homme, justice envers l'homme, amour de l'homme, fut proposé à notre race par le Christ ; la cène des premiers chrétiens en était l'image. Le socialisme chrétien le résume en un substantif : fraternité universelle.

Il est temps que l'homme sente d'avantage qu'il n'est qu'un membre du corps éternel de l'humanité qui se renouvelle par lambeaux individuels. Cette solidarité humaine est une pensée puissante ; elle enfante, fait naître, développe l'amour universel ; elle nous fait rentrer dans l'unité divine dont nous faisons partie. Sans doute, notre vie individuelle n'est rien, la fleur d'un matin. Mais rien ne meurt. Tout ce qui vit en Dieu, vit pour toujours derrière le voile, mais bien réellement, puisque la substance spirituelle ne se désagrège pas comme l'autre ; sans doute nous n'avons aucune certitude expérimentale de ces faits, mais les forces psychi-

(1) Et nous nous aimons beaucoup ; nous avons, d'après le Christ, le devoir de nous aimer nous même, mais ce devoir n'a pas besoin d'être rappelé.

ques échappent aussi à l'analyse. Dieu lui-même demeure l'X inconnu à nos regards charnels. Il n'en vit pas moins dans nos cœurs.

Bourgeois du xxᵉ siècle, la justice exige que tous nous travaillions à préparer la cité future, par le renversement d'un système égoïste de production et d'échanges, dont le luxe est le rejeton maudit. L'avènement d'une ère de solidarité sera pour vous-même, *plus encore* que pour le prolétariat, l'aurore d'un jour béni et heureux. Le philanthrope sincère verra se réaliser son rêve, le chrétien pourra enfin suivre les maximes du Christ, il y aura une part de bonheur pour tous les hommes de bonne volonté. Notre génération, divisée aujourd'hui en deux classes adverses, verra des heures de paix ; notre race aura fait un pas de plus dans son évolution historique, puisque l'odieux salariat aura rejoint l'esclavage et le servage dans les souvenirs du passé. « C'est la justice qui élève les nations ! »

> « Eloigne de moi le bruit de tes cantiques,
> Je n'écoute pas le son de tes luths,
> Mais que la droiture jaillisse comme un torrent
> Et la justice comme un fleuve qui ne tarit jamais. »

FIN

TABLE DES MATIÈRES

PREMIÈRE PARTIE

Notions générales du Luxe

SECONDE PARTIE

Notions sociales du Luxe

Alençon et Cahors. — Imprimeries A. Coueslant. — 1.933